Les droits d'enregistrement

QUE SAIS-JE ?

Les droits d'enregistrement

PIERRE BELTRAME

Maître de Conférences
à l'Université d'Aix-Marseille III

CHARLES AIMÉ

Chargé d'Enseignement
à la Faculté de Droit d'Aix-Marseille

ISBN 2 13 042139 3

Dépôt légal — 1re édition : 1989, mars

© Presses Universitaires de France, 1989
108, boulevard Saint-Germain, 75006 Paris

INTRODUCTION

Un impôt peut-il survivre à sa déchéance économique ?

Telle est la question que pose l'étude des droits d'enregistrement dont la part dans les recettes fiscales de l'Etat n'a cessé de décroître depuis le début du siècle, passant de 21 % en 1913 à moins de 6 % dans les années 80.

Dans notre système fiscal moderne ces droits ressemblent à ces fils de famille désargentés qui conservent de l'ancienneté de leur lignée un raffinement et un prestige que les temps de pénurie ne peuvent effacer.

Ainsi, même si la régie de l'enregistrement et du timbre, réputée pour la subtilité juridique de ses enregistreurs, a disparu, si le cours magistral consacré au droit de l'enregistrement a déserté nos Facultés, la pérennité et la juridicité de ce corps de règles fiscales forcent l'estime du juriste et justifient, à elles seules, ce petit ouvrage.

La pérennité des droits d'enregistrement se manifeste à la fois dans l'ancienneté de leurs origines et la stabilité de leur législation.

En dépit des bouleversements intervenus dans tous les domaines, les principes fondamentaux de l'enregistrement n'ont guère varié depuis la loi du 22 frimaire an VII qui elle-même plonge ses racines, à travers la loi des 5 et 9 décembre 1790, dans les institutions fiscales de l'Ancien Régime.

En effet, sous le terme de droits « d'enregistrement », c'est-à-dire de droits perçus lors de la reproduction textuelle ou l'analyse d'un acte sur un registre, la loi de frimaire an VII regroupait trois impôts d'Ancien Régime : le « contrôle », l' « insinuation » et le « centième denier ».

Le *contrôle* était un droit d'acte institué en 1581 par l'Edit de Blois, l'*insinuation* consistait en une sorte de taxe de publicité foncière, issue des ordonnances de Villers-Cotterêts (1539) et de Moulins (1556), enfin, le *centième denier* (1703) s'appliquait sur les mutations immobilières au taux de 1 %.

Il faudra attendre la loi du 22 février 1872 sur les mutations à titre onéreux de fonds de commerce et la loi du 25 février 1901 instituant un tarif progressif en matière de successions pour voir compléter de manière quasiment définitive la loi de frimaire an VII. Les lois plus récentes du 15 mars 1963 et du 26 décembre 1969 n'ont fait qu'apporter des correctifs de procédure à une imposition qui reste fondamentalement celle établie au siècle précédent.

La juridicité des droits d'enregistrement a toujours été mise en évidence par les auteurs. Déjà, au début du XIXe, Troplong disait : « La loi sur l'enregistrement est, pour nous autres légistes, la plus noble ou, pour mieux dire, la seule noble entre toutes les lois fiscales » (cf. Kurgansky, *op. cit.*, p. 397).

Cette prééminence du juridique dans la fiscalité de l'enregistrement se marque dans sa subordination au droit privé, elle-même confortée par la compétence du juge judiciaire en la matière.

Le juridisme des droits d'enregistrement a été, trop souvent et sans nuance, opposé au réalisme des autres lois d'impôt. Ces dernières portaient, selon la doctrine classique, essentiellement sur des choses (la matière imposable), alors que les droits d'enregistrement concernaient surtout des situations juridiquement établies (les actes).

Le caractère excessif de cette analyse a été bien mis en évidence de nos jours.

Certes, le droit fiscal cherche à saisir des réalités, mais cela est la finalité de toute activité juridique. De plus, les faits qu'il prend en considération doivent être juridiquement qualifiés ; ils deviennent donc des réalités juridiques, du même type que celles sur lesquelles s'exerce le droit privé. Enfin, comme ce dernier, le droit fiscal peut prendre en considération ou écarter les fictions juridiques afin d'assurer une meilleure application de la loi. Finalement, le souci de l'efficacité et un certain fonctionnalisme, communs à tout le droit moderne, tendent à gommer la prétendue spécificité de la loi fiscale.

Toutefois, si juridisme et réalisme se retrouvent nécessairement dans toutes les branches du droit, leur importance respective peut différer du droit civil au droit fiscal. Les droits d'enregistrement constituent même le secteur de la fiscalité dans lequel le juridisme s'affirme de la façon la plus explicite. Cela tient non seulement à la nature de ces droits, mais aussi aux conditions historiques de leur mise en œuvre.

Les enregistreurs, tenus sous leur responsabilité d'analyser les actes soumis à l'enregistrement et de leur appliquer l'impôt ont pratiqué un légalisme étroit bannissant toute interprétation finaliste au profit de la lettre des textes.

Cette tendance légaliste fut amplifiée et prolongée par la méfiance du XIXᵉ siècle libéral vis-à-vis de l'impôt ainsi que par la compétence du juge judiciaire en cette matière. En effet, ce dernier, protecteur traditionnel de la propriété privée, et fidèle à l'esprit du droit privé, a privilégié la sécurité juridique qui s'attache à une interprétation stricte des textes.

Ainsi l'étude des droits d'enregistrement renvoie aux conceptions d'une société libérale préindustrielle où dominent le goût de la liberté, l'attachement à la propriété et une tendance à l'immobilisme et à l'autarcie. Autant dire que l'on touche aux racines d'un certain tempérament national. Ceci explique le respect qui entoure ce monument historique de notre société traditionnelle et les lourdeurs politiques et sociales qui entravent toute tentative de démantèlement ou de ravalement de cette construction juridique quelque peu surannée.

L'étude des droits d'enregistrement se divisera en quatre chapitres.

Le premier chapitre expose les principes généraux de l'enregistrement. Le second concerne les droits de mutation à titre onéreux de propriété ou de jouissance et le troisième traite des droits sur les actes des sociétés. Enfin, le dernier chapitre est consacré aux transmissions de patrimoines à titre gratuit.

PRINCIPES GÉNÉRAUX
DE L'ENREGISTREMENT

L'enregistrement est d'abord une formalité qui consiste soit en l'analyse juridique d'un acte sur un registre, soit en la réception d'une déclaration portant sur la propriété ou la jouissance d'un bien.

Cette formalité a avant tout un but fiscal ; elle donne lieu au prélèvement des droits d'enregistrement. Mais la formalité de l'enregistrement produit aussi certains effets juridiques utiles pour le contribuable, si bien que l'on peut dire, avec Portalis, que l'enregistrement « offre à la fois le bien de la finance et celui des citoyens ».

On examinera, en premier lieu, l'enregistrement en tant que formalité avant de l'aborder en tant qu'impôt.

I. — L'enregistrement
en tant que formalité

Avant la réforme introduite par la loi du 29 décembre 1969 et entrée en application depuis le 1er octobre 1970, la formalité de l'enregistrement pouvait se doubler d'une formalité de publicité foncière au fichier immobilier de la Conservation des Hypothèques.

Désormais, ces deux formalités sont *fusionnées* pour tous les actes qui constatent la transmission à titre onéreux entre vifs de droits réels immobiliers (vente, échanges, apports en société d'immeubles). La *formalité fusionnée* ou *formalité unique* s'effectue à la Conservation des Hypothèques.

Cependant, la simplification opérée par la loi du 29 décembre 1969 n'est qu'apparente. En effet, d'une part, les actes ou mutations, soumis obligatoirement à l'enregistrement et ne portant pas sur des droits réels immobiliers, restent soumis à la seule formalité de l'enregistrement effectuée à la recette des impôts. D'autre part, certains actes ou mutations qui devraient être passibles de la formalité fusionnée en sont formellement exclus. Il en est ainsi notamment des mutations à titre gratuit et des actes mixtes qui contiennent à la fois des dispositions soumises à la publicité et d'autres qui ne le sont pas. Ces actes et mutations demeurent soumis à la double formalité de l'enregistrement et de la publicité foncière, appliquées distinctement selon les modalités propres à chacune d'elles.

Enfin, la formalité de publicité foncière subsiste seule pour les documents soumis à publicité, mais non à enregistrement.

Ainsi, depuis le 1ᵉʳ octobre 1970, l'enregistrement peut prendre la forme de trois formalités distinctes : la formalité d'enregistrement proprement dite, la formalité de publicité foncière et la formalité fusionnée.

On précisera le régime des diverses formalités d'enregistrement, avant d'examiner leurs effets juridiques.

1. **La formalité d'enregistrement proprement dite.**
— Elle se caractérise par un champ d'application et des modalités de mise en œuvre qui lui sont propres.

A) *Le champ d'application de la formalité.* Les actes ou opérations les plus importants sont obligatoirement soumis à l'enregistrement. Cette obligation doit cependant être édictée par un texte. En effet, l'enregistrement donnant lieu à la perception d'un impôt celui-ci ne peut être perçu sans texte. Toutefois, les actes pour lesquels l'obligation n'existe pas peuvent être enregistrés sur présentation volontaire. Enfin, certains actes peuvent être dispensés de la formalité d'enregistrement alors qu'ils remplissent les conditions pour y être obligatoirement soumis.

a) Les actes et opérations soumis obligatoirement à la formalité d'enregistrement (CGI, art. 634 à 640).

— Actes assujettis en raison de la qualité de la personne qui les rédige :

- les actes des notaires, y compris les testaments reçus par les notaires ou seulement déposés chez eux ;
- les exploits et tous autres actes des huissiers de justice ;
- les procès-verbaux constatant une adjudication aux enchères publiques de biens meubles corporels ou incorporels.

— Actes assujettis en considération de l'opération juridique qu'ils constatent :

- les actes portant *transmission de propriété* ou d'usufruit de biens immeubles, de fonds de commerce, de clientèle ou d'office ainsi que ceux portant cession de droit à un bail ; l'enregistrement de ces actes est requis même si ces mutations sont dispensées de tous droits étant assujetties à la TVA immobilière ;
- les actes portant *mutation de jouissance* (location) *à vie* d'immeubles ou mutation de jouissance à durée limitée d'immeubles ruraux, de fonds de commerce, de droits de chasse et de pêche lorsque le loyer annuel de ces différents baux excède 1 000 F ;
- les actes portant *cession d'actions* ou de *parts sociales* ;
- les actes constatant la formation, la prorogation, la transformation ou la dissolution d'une *société*, l'augmentation, l'amortissement ou la réduction de son *capital* ;
- les actes constatant un *partage de biens* à quelque titre que ce soit ;
- les actes portant *acceptation* ou *répudiation* de successions, legs ou communauté ;
- les certificats de propriété ;

- les *inventaires* de meubles, objets mobiliers, titres et papiers et les *prisées* de meubles (estimations par un commissaire-priseur) ;
- les *promesses unilatérales sous seing privé de ventes* d'immeubles, de fonds de commerce, de droit à un bail ou de titres de sociétés immobilières de copropriété ainsi que les cessions desdites promesses réalisées par actes sous seing privé (CGI, art. 1840-A).

— En outre, *même lorsqu'elles ne sont pas constatées par un acte,* c'est-à-dire par un écrit, les *mutations de propriété entre vifs* (vente, donation, échange) d'immeubles, de fonds de commerce, de clientèle ou de droit au bail doivent être présentées à la formalité de l'enregistrement. Il en est de même des *mutations de jouissance* (à l'exception de celles portant sur des immeubles urbains) lorsque le loyer annuel excède 1 000 F, ainsi que des opérations concernant le *statut des sociétés* ou leur *capital* y compris les *cessions de parts sociales*. Les *successions* sont aussi soumises à déclarations obligatoires quelle que soit la nature des biens transmis.

— Enfin, tous les actes se rattachant à la *profession de marchands de biens* ou d'*intermédiaire* pour l'achat et la vente d'immeubles, de fonds de commerce ou d'actions ou parts de sociétés immobilières.

Cependant, les mandats sous seing privé donnés aux intermédiaires sont dispensés de l'enregistrement.

b) Opérations assujetties facultativement à la formalité de l'enregistrement. — Toute opération non assujettie obligatoirement à l'enregistrement peut y être présentée volontairement par une personne intéressée, à condition d'être constatée par un écrit, car seuls les actes peuvent être soumis volontairement à l'enregistrement (CGI, art. 679-3°).

Cet enregistrement volontaire permettra aux intéressés de se prévaloir des effets de droit civil découlant de la formalité et ceci contre le paiement d'un droit fixe modeste (actuellement 430 F).

c) *Les dispenses de la formalité d'enregistrement*
(CGI, art. 637). — Pour l'essentiel ces dispenses concernent certains actes des huissiers et des notaires (actes
concernant l'état des personnes et leur régime matrimonial, baux de biens meubles, procurations, inventaires et certificats de propriété autres que ceux dressés en vue du règlement d'une succession, etc.). Ces
actes ne sont pas pour autant dispensés de droits :
les droits dus sont alors payés sur états.

Cependant, les mutations de jouissance qui sont
assujetties à la TVA sont dispensées de formalité et
du paiement des droits. De même les actes d'huissier
exonérés de droits sont généralement dispensés de la
formalité d'enregistrement.

B) *Les modalités d'exécution de la formalité.* —
La formalité d'enregistrement est effectuée à la *recette
des impôts* dont dépend le rédacteur de l'acte (actes
des officiers ministériels) ou celle du lieu où se situe
le bien (mutations immobilières) ou, enfin, celle du
domicile de l'une des parties (actes sous seing privé).
L'acte enregistré dans un bureau incompétent est
réputé non enregistré.

L'enregistrement doit être effectué, en principe,
dans le *délai d'un mois* à compter de l'acte ou de la
mutation. Mais ce délai peut être *abrégé* (dix jours
seulement pour les actes des marchands de biens) ou
allongé (trois mois pour l'enregistrement des testaments et six mois ou un an pour les déclarations de
succession).

Lors de l'enregistrement il est exigé en principe
la *présentation des originaux* des actes. En outre, un
bordereau récapitulatif doit être *déposé* à la recette
des impôts pour les *actes publics* (actes authentiques,
jugements ou arrêts) présentés à la formalité par les

notaires, huissiers, greffiers et autorités administratives.

Toutefois, les actes passibles de droits fixes ou exonérés sont *dispensés de la présentation matérielle* à la formalité. Les droits dus sont alors payés sur états (cf. ci-dessus).

Tout écrit, quelle qu'en soit la forme ou la nature, peut être enregistré, pourvu qu'il soit rédigé en langue française ou accompagné d'une traduction sur papier timbré, certifiée par un traducteur assermenté.

Cependant, la *formalité doit être refusée* dans les cas de vice de forme : bureau incompétent, présentation non accompagnée du versement des droits simples, actes non timbrés, absence de bordereau, absence de déclaration estimative.

L'exécution de la formalité est aussi refusée pour les actes soumis à la formalité fusionnée et pour les actes contenant des dispositions sujettes à publicité foncière, même s'ils ne relèvent pas de la formalité fusionnée, dès lors qu'ils ne sont pas dressés en la forme authentique.

2. La formalité fusionnée

A) *Le champ d'application de la formalité.* — La formalité fusionnée s'applique à tous les actes qui sont soumis à la double obligation de l'enregistrement et de la publicité foncière. Elle peut être étendue à ceux qui sont soumis à la publicité foncière à titre facultatif. Cependant, un certain nombre d'actes sont expressément exclus du champ d'application de la formalité fusionnée.

a) Actes obligatoirement soumis à la formalité fusionnée. — Sous réserve des exclusions précisées par l'article 647-I, 2e alinéa du CGI, tous les actes authentiques (actes notariés, administratifs, extrajudiciaires) qui sont assujettis à la double formalité de l'enregistrement et de la publicité foncière relèvent de la formalité fusionnée et cela quel que soit le régime fiscal auquel ils sont soumis (exonération, mutation entrant ou non dans le champ d'application de la TVA).

La formalité fusionnée concerne tous les actes constitutifs, translatifs ou déclaratifs de droits réels immobiliers et les actes affectant de tels droits.

Ainsi sont notamment soumis à la formalité fusionnée les actes, même assortis d'une condition suspensive, portant ou constatant la transmission à titre onéreux entre vifs de droits réels immobiliers (ventes, échanges, apports en société), ceux concernant les baux de longue durée (plus de douze ans), ainsi que les actes déclaratifs de droits réels immobiliers (partages, licitations, etc.).

b) Actes soumis facultativement à la formalité fusionnée. — Ces actes sont ceux qui en vertu de l'article 37 du décret du 4 janvier 1955 sont admis facultativement à la publicité foncière.

Il en est ainsi notamment des *promesses unilatérales de vente* et des promesses unilatérales de bail de plus de douze ans, des conventions relatives à l'exercice de *servitudes légales,* les actes qui comportent des dispositions soumises obligatoirement à la publicité et d'autres soumises facultativement à la publicité.

c) Actes exclus du champ d'application de la formalité fusionnée (CGI, art. 647-I-2°). — Même s'ils sont relatifs à des droits réels immobiliers, les actes qui sont exclus de la formalité fusionnée subissent séparément la formalité d'enregistrement et, le cas échéant, celle de la publicité foncière selon les modalités propres à chacune d'elles.

Il s'agit :

— des *décisions judiciaires* comportant des dispositions sujettes à publication ;

— des *actes mixtes* qui contiennent à la fois des dispositions soumises à publicité foncière et d'autres qui ne le sont pas (échanges d'immeubles contre des meubles, ventes d'immeubles et de meubles, certains actes de société tels que les fusions qui constatent à la fois des apports exclusivement immobiliers et une capitalisation de réserves ou de bénéfices) ;

— des *actes pour lesquels il est impossible de procéder à la formalité fusionnée*, soit par suite d'un refus de publication, soit parce que les actes sont relatifs à des immeubles situés dans les départements du Bas-Rhin, du Haut-Rhin et de la Moselle qui restent soumis à la formalité de l'enregistrement à la recette des impôts et à la publication au livre foncier. Toutefois dans cette hypothèse, si l'acte concerne des immeubles situés dans ces trois départements et d'autres immeubles, la formalité fusionnée est applicable si le rédacteur de l'acte réside lui-même en dehors des trois départements précités.

Pour les actes visés ci-dessus, la double formalité n'entraîne pas la dualité de perception (CGI, art. 665).

Au contraire, les *mutations à titre gratuit* et les *baux immobiliers ruraux de plus de douze ans* à durée limitée qui sont aussi exclus du champ d'application de la formalité fusionnée, sont assujettis à la double perception des droits d'enregistrement et de la taxe de publicité foncière.

B) *Les modalités d'exécution de la formalité.* — La formalité fusionnée a lieu au *bureau des hypothèques* de la *situation des immeubles,* quelle que soit la résidence du rédacteur de l'acte.

Si les immeubles concernés sont situés dans le ressort de plusieurs conservations des hypothèques, la formalité est effectuée dans l'une d'entre elles qui assure l'imposition pour l'ensemble des immeubles figurant dans l'acte. Toutefois, l'acte doit également être déposé dans les autres conservations intéressées, afin d'exécuter la seule formalité de publicité contre le seul paiement des salaires des conservateurs.

La formalité fusionnée doit être requise dans le *délai de deux mois* à compter la date de l'acte.

La formalité est donnée sur présentation de deux expéditions intégrales de l'acte authentique. L'une d'entre elles doit être établie sur un imprimé administratif. En outre, les actes doivent être accompagnés le cas échéant d'un bordereau récapitulatif et des extraits analytiques établis en double exemplaire par le rédacteur de l'acte et valant extraits cadastraux.

La formalité fusionnée est *refusée* dans les cas où une telle sanction est prévue pour la formalité d'enregistrement (cf. ci-dessus, p. 14) et aussi en l'absence d'extrait analytique.

3. **La formalité de publicité foncière.** — La publicité foncière est l'ensemble des règles et des techniques qui visent à assurer la collecte, la conservation et la délivrance d'informations juridiques sur les immeubles et droits réels immobiliers.

La formalité de publicité foncière est généralement effectuée en même temps que l'enregistrement (formalité fusionnée), si bien que son champ d'application spécifique s'est réduit.

La formalité de publicité foncière distincte est requise pour les actes exclus de la formalité fusionnée, mais qui doivent cependant être publiés : décisions judiciaires, actes mixtes, mutations à titre gratuit, etc. (cf. ci-dessus, p. 15 et s.).

Elle s'applique aussi aux actes dont la publication

est facultative (promesses unilatérales de vente, servitudes légales, etc.) et pour lesquels le bénéfice de la formalité fusionnée n'a pas été réclamé.

En toute hypothèse les actes soumis obligatoirement à la formalité fusionnée sont exclus du champ d'application de la publicité foncière distincte.

Les modalités d'exécution de la formalité de publicité foncière (bureau, délais, documents à présenter) sont identiques à celles de la formalité fusionnée.

4. **Les effets des formalités d'enregistrement.** — Les effets juridiques des formalités d'enregistrement sont limités. L'enregistrement a essentiellement un but fiscal.

Toutefois, bien que limités, ces effets ne sont pas négligeables.

Tout d'abord, la formalité d'enregistrement donne *date certaine aux actes sous seing privé* (C. civ., art. 1328). En revanche, les diverses formalités (enregistrement, formalité fusionnée ou publicité foncière) sont sans influence sur la date des actes notariés qui font loi par eux-mêmes jusqu'à inscription de faux.

Du point de vue de la preuve de l'opération, l'enregistrement constitue généralement un *commencement de preuve par écrit*. Toutefois, dans les rapports entre l'administration et les particuliers, il fait foi jusqu'à preuve contraire.

Les actes et décisions judiciaires concernant des droits réels immobiliers sont *inopposables aux tiers* tant qu'ils n'ont pas fait l'objet d'une publicité foncière soit dans le cadre de la formalité fusionnée, soit en subissant la double formalité de l'enregistrement et de la publicité foncière. En outre, la formalité d'enregistrement est nécessaire pour que la vente d'un fonds de commerce puisse être publiée dans un journal d'annonces légales.

Enfin, dans certains cas prévus par la loi, l'enregistrement constitue une *condition de validité d'un acte ou d'un privilège.*

Ainsi, est *nulle et de nul effet toute promesse unilatérale de vente afférente à un immeuble,* à un droit immobilier, à un fonds de commerce, à un droit à un bail immobilier, si elle n'est pas constatée par un acte authentique ou par un *acte sous seing privé enregistré* dans le délai de dix jours à compter de la date de son acceptation par le bénéficiaire. Il en est de même de toute cession portant lesdites promesses (CGI, art. 1840-A).

De même, « le *privilège du vendeur d'un fonds de commerce* n'a lieu que si la vente a été constatée par un acte authentique ou sous seing privé, dûment enregistré... » (loi du 17 mars 1909, art. 1er).

Le *privilège du créancier gagiste,* de son côté, n'a lieu qu'autant qu'il y a acte authentique ou sous seing privé, dûment enregistré (C. civ., art. 2074).

II. — L'enregistrement en tant qu'impôt

Les diverses formalités de l'enregistrement donnent lieu à des impositions distinctes.

La formalité d'enregistrement proprement dite ouvre droit à la perception des droits d'enregistrement *stricto sensu,* la formalité fusionnée rend exigible la taxe de publicité foncière qui est un impôt unique regroupant l'ancien droit d'enregistrement et l'ancienne taxe de publicité foncière. Enfin, l'ancienne taxe de publicité foncière est toujours perçue dans les cas où les formalités d'enregistrement et de publicité restent distinctes (cf. ci-dessus, p. 17).

On examinera, tout d'abord, les tarifs des principaux droits d'enregistrement avant de présenter les théories générales élaborées pour leur application. Nous préciserons ensuite les caractéristiques des différentes phases de la procédure d'imposition, pour terminer par l'examen des conditions d'application du contrôle de ces impôts.

1. **Les tarifs des droits d'enregistrement.** — Les tarifs peuvent être très simples (droits fixes) ou, au contraire, présenter une structure complexe du fait notamment qu'ils sont perçus en même temps pour le compte de plusieurs collectivités territoriales (Etat, départements, régions, communes) entre lesquelles ils sont répartis.

De plus, la multiplicité de ces tarifs rend nécessaire un effort de classification.

A) *Les collectivités bénéficiaires des droits.* — Les droits d'enregistrement sont perçus en principal au profit de l'Etat, toutefois des taxes communales, départementales ou régionales y sont fréquemment adjointes. De plus, depuis le 1er janvier 1984, en vertu des lois sur la décentralisation, ont été transférés aux départements :

— les droits d'enregistrement ou la taxe de publicité foncière exigibles sur les mutations à titre onéreux d'immeubles ou de droits immobiliers situés sur leur territoire ;
— la taxe de publicité foncière exigible sur les inscriptions d'hypothèques judiciaires ou conventionnelles ainsi que sur les décisions judiciaires sujettes à publicité.

En revanche, sont exclus du transfert, les droits dus sur les actes de société, le droit d'échange et les droits fixes perçus sur les actes divers (cf. ci-dessous).

En 1985, le montant des droits ainsi transférés aux départements représentait près de 10 milliards de recettes, tandis que les droits perçus sur les actes de société par l'Etat rapportaient à peine plus de 4 milliards de francs (rapport du Conseil des Impôts, 1986, p. 170 et 261).

Pour les droits transférés aux départements, comme pour ceux maintenus au profit de l'Etat, il peut s'ajouter à l'imposition principale des taxes locales perçues au profit des différentes collectivités.

Ainsi, les taux du nouveau « droit départemental d'enregistrement » et de la nouvelle « taxe départementale de publicité foncière » sont obtenus par sommation des droits d'enregistrement ou de la taxe de publicité foncière et de l'ancienne taxe départementale aux taux appliqués dans le département au 31 décembre 1983. A cette nouvelle imposition unique dont le taux varie en fonction du type de mutation concerné (cf. ci-dessous), s'ajoute une taxe communale (1,20 %) et une taxe régionale (au maximum 1,60 %). En outre, il est perçu en sus, au profit de l'Etat, un prélèvement pour frais d'assiette de 2,50 % du montant des droits.

Le conseil général de chaque département peut modifier les taux des droits d'enregistrement départementaux sans cependant relever au-delà de 10 % les taux inférieurs à cette limite, ni réduire à moins de 5 % les taux supérieurs à cette limite. Les taux supérieurs à 10 % ne peuvent être augmentés. Ainsi le taux de 15,40 % applicable en règle générale aux mutations immobilières à titre onéreux constitue un *taux plafond*. A l'inverse, les taux inférieurs à 5 % ne peuvent être diminués. De ce fait le taux de 4,20 % applicable en général aux ventes d'immeubles d'habitation constitue un *taux plancher*.

B) *La classification des droits d'enregistrement*. — Divers critères peuvent être utilisés pour classer les droits d'enregistrement.

a) On peut distinguer, par exemple, en retenant le critère du fait générateur de l'impôt, entre les droits perçus à raison de la rédaction d'un acte *(droits d'acte)* et ceux dus à raison de la survenance d'une mutation *(droits de mutation)*. Mais ces deux catégories juridiques se recouvrent en partie. Ainsi il est rare qu'une vente d'immeuble, par exemple, ne fasse pas l'objet d'un écrit. Aussi bien ne peut-elle avoir de portée à l'égard des tiers que si elle est constatée dans un acte notarié soumis à la formalité de publicité foncière.

b) Il est possible aussi, en prenant en considération la nature de l'impôt perçu, de distinguer entre les droits d'enregistrement à caractère *analytique* et ceux à caractère *synthétique*.

Ainsi la plupart des droits d'enregistrement (droits sur les actes, droits de mutation à titre onéreux) sont des impôts analytiques qui frappent chaque opération de façon distincte, à un taux fixe ou proportionnel, sans prendre en considération la personnalité du bénéficiaire de l'acte ou de la mutation. Au contraire, les droits de mutation à titre gratuit sont des impôts synthétiques qui s'appliquent sur l'ensemble d'un patrimoine à un taux progressif et en tenant compte de la personnalité des bénéficiaires de la mutation.

Cette distinction est intéressante, car elle peut être reprise pour l'étude des effets économiques et sociaux des droits d'enregistrement. Cependant, elle convient mieux, en raison de sa généralité, à l'exposé doctrinal qu'à la pratique.

c) La classification la plus utile est celle fondée sur le type de tarif applicable. Ainsi il est facile de distinguer, comme le fait le code général des impôts, entre les *droits fixes,* les *droits proportionnels* et les *droits progressifs.*

— *Les droits fixes :* ce sont des droits dont le montant est fixé indépendamment de la valeur des biens ou des intérêts pécuniaires des actes concernés.

Le *tarif usuel est de 430 F.* Il s'applique généralement à tous les actes qui ne donnent pas ouverture à un droit proportionnel ou à un droit fixe spécial tels les *actes innomés* qui ne sont pas expressément tarifés et sont souvent présentés volontairement à l'enregistrement (cession amiable de meubles, cession de créances de gré à gré, prêt, constitution ou autres opérations portant sur des rentes, ventes à crédit de véhicules, etc.). En outre, ce tarif s'applique à la plupart des actes concernant les *groupements agricoles* (GAEC, GAF et GFA) (cf. ci-dessous, p. 80). Il concerne aussi l'enregistrement des testaments, des prisées et inventaires de meubles, les contrats de mariage, etc.

Les actes relatifs à certaines sociétés bénéficiant d'un régime fiscal de faveur (sociétés de construction d'immeubles d'habitation, sociétés en participation ayant pour but la recherche et l'étude, prorogations pures et simples de sociétés, actes de fusions passibles de l'impôt sur les sociétés, etc.) sont taxés au *tarif spécial de 1 220 F.*

Le *minimum de perception* applicable aux opérations passibles de taux proportionnels ou progressifs est un droit fixe de 70 F[1].

— *Les droits proportionnels :* ils frappent généralement des mutations à titre onéreux d'immeubles et les apports en société proportionnellement à la valeur des biens ou des intérêts pécuniaires en cause.

Le *taux usuel* applicable aux *ventes d'immeubles* est de *15,40 %,* réduit à 13,80 % pour les immeubles ruraux. A ces taux il faut ajouter la taxe communale (1,20 %) et la taxe régionale (au maximum 1,60 %).

Les *cessions de fonds commerce* donnent lieu, sauf pour les marchandises neuves soumises à la TVA, à la taxation au taux de *11,80 %* qu'il faut majorer de la taxe départementale (1,40 %) et de la taxe communale (1 %).

Pour les *sociétés,* les apports sont taxés soit au taux de *1 %* (apports purs et simples), soit comme une vente (apports à titre onéreux).

Les *baux* (mutations de jouissance) à durée limitée

---

1. Des droits fixes très divers s'appliquent aux droits de timbre qui constituent des impôts sur la dépense et non des droits d'enregistrement, bien qu'ils aient été, pendant longtemps, au nombre des attributions de cette administration.

sont taxés au taux général de *2,50 %* (droit de bail). A ce taux s'ajoutent des taxes additionnelles au droit de bail et aussi l'ancienne taxe de publicité foncière (0,60 %) quand il s'agit de baux de plus de douze ans soumis à publicité foncière.

Les *cessions d'actions,* parts de fondateur, parts d'intérêt sont, sauf régimes spéciaux, taxées au taux de *4,80 %.*

— *Les droits progressifs* s'appliquent sur l'ensemble d'un patrimoine à un taux qui croît en fonction de l'augmentation de la valeur taxable.

Le droit progressif concerne uniquement les *donations ou successions en ligne directe ou entre époux* et aussi, dans une moindre mesure les transmissions entre frères et sœurs. En revanche, les mutations à titre gratuit en ligne collatérale au-delà du second degré et entre non-parents sont soumis à des droits proportionnels très élevés (respectivement 55 % et 65 %).

En ligne directe et entre époux les barèmes progressifs vont de 5 à 40 % (cf. ci-dessous, chap. IV).

2. **Les règles générales de la procédure d'imposition.** — En dépit de leur diversité, les droits d'enregistrement présentent dans leur mise en œuvre des caractéristiques communes qui apparaissent tant dans la phase d'assiette que dans celles de liquidation et de recouvrement des droits.

A) *L'assiette des droits.* — Comme pour tous les impôts l'assiette des droits d'enregistrement nécessite la détermination de la matière et des opérations imposables ainsi que l'évaluation des bases d'imposition. Il s'agit là d'une compétence éminemment législative. Cependant, la définition, même légale, de la matière imposable reste sans effets tant que ne se produit pas l'acte ou l'opération qui donne naissance à la créance fiscale, c'est-à-dire le fait générateur de l'impôt.

a) *Le fait générateur* en matière de droit d'enregistrement est, le plus souvent, la *rédaction d'un acte* (droits d'acte). Il en est ainsi pour tous les actes dont l'enregistrement est obligatoire sans que soit prise en considération la nature de l'opération qu'ils constatent (actes notariés) ou encore des actes qui rendent obligatoire l'enregistrement d'une opération qui ne l'aurait pas été sans cela (cessions d'actions). Quand un acte est soumis volontairement à l'enregistrement, le fait générateur n'est plus la rédaction de l'acte, mais la présentation de l'acte à la formalité.

Mais une *mutation* de propriété ou de jouissance peut constituer le fait générateur des droits. Ainsi, les mutations à titre onéreux d'immeubles sont assujetties à l'enregistrement, même si elles ne sont pas constatées par un acte. C'est donc la mutation qui dans ce cas est le fait générateur, même si elle coïncide, le plus souvent, avec la rédaction d'un acte.

La détermination du fait générateur, même lorsqu'elle s'avère délicate comme pour les mutations d'immeubles, a des conséquences fiscales importantes. Ainsi, dans le cas d'un contrat de mutation passé sous condition suspensive, les droits de mutation à titre onéreux ne sont dus, quelle que soit la date de rédaction de l'acte, qu'au jour de la réalisation de la condition car celle-ci opère la mutation qui constitue le fait générateur de l'impôt.

Enfin, le fait générateur des droits d'enregistrement peut être un *événement* dont la survenance échappe à la volonté de l'homme (décès pour les droits de succession) ou la réalisation d'une *opération,* en l'absence même d'acte ou de mutation (dissolution de société, inventaire, promesse unilatérale de vente).

b) La détermination des opérations imposables rend nécessaire de préciser la *territorialité des lois d'enregistrement.*

Sous réserve des conventions internationales, d'ailleurs relativement peu nombreuses en la matière, la territorialité des droits d'enregistrement diffère selon que ceux-ci ont le caractère d'impôts personnels ou d'impôts réels.

Les *droits de mutation à titre gratuit,* impôts essentiellement personnels, sont dus en principe en raison du *domicile* du donateur ou du testateur. Si ce dernier est domicilié en France, l'impôt français s'applique sur tous les biens (meubles ou immeubles) situés en France et hors de France (principe de l'obligation fiscale illimitée) sous réserve de la déduction de l'impôt acquitté à l'étranger sur les biens qui y sont situés.

Cependant, l'aspect réel des droits de mutation à titre gratuit n'est pas ignoré puisque même lorsque le défunt ou le donateur n'est pas domicilié en France, les biens situés en France sont soumis à l'impôt français.

Pour les autres droits d'enregistrement, qui ont un caractère exclusivement réel, le principe de territorialité dépend soit de la *situation du bien* (mutations à titre onéreux), soit du *lieu de passation* de l'acte (droits d'acte soumis à des droits fixes).

Toutefois, pour les mutations à titre onéreux d'immeubles pour lesquelles acte et mutation coïncident généralement, on peut distinguer deux situations :

— *Mutation d'immeuble situé en France constatée par un acte passé à l'étranger.* La mutation devra être soumise à la formalité fusionnée en France, dans le mois de l'entrée en possession, à la recette des impôts de la situation du bien.

— *Mutation d'un immeuble sis à l'étranger constatée par un acte passé en France.* Si l'acte est soumis à l'enregistrement en raison de sa forme (acte notarié), il est assujetti à un droit spécial de 4,80 % (CGI, art. 714).

Les *territoires d'outre-mer* sont assimilés à l'étranger dans les cas où l'enregistrement n'est pas établi dans ces territoires.

De plus, dans les *Etats africains de l'ex-Communauté,* en vertu des conventions internationales, les droits de mutation sont perçus exclusivement dans le pays de situation des biens. Donc l'article 714 du CGI précité n'a pas lieu de s'appliquer.

Pour les *actes de sociétés* des dispositions particulières qui seront examinées plus loin (cf. chap. III) sont applicables.

c) La base d'imposition des droits d'enregistrement est constituée, en principe, par la *valeur vénale* du bien transmis évaluée à la date du fait générateur de l'impôt. Toutefois, pour les mutations à titre onéreux, le *prix* convenu entre les parties constitue la base d'imposition, sauf s'il s'avère inférieur à la valeur vénale.

La valeur vénale est définie par la doctrine administrative comme « le prix normal et sincère que le propriétaire aurait pu retirer de l'aliénation du bien envisagé à la date considérée ». L'appréciation de la valeur vénale est une question de fait tranchée dans chaque cas d'espèce selon les circonstances de temps et de lieu.

Pour déterminer la valeur vénale la *méthode des comparaisons* avec les prix de mutations portant sur des biens de situation et de consistance semblables à ceux à évaluer est le plus souvent utilisée. Mais on peut aussi se contenter de réajuster, à l'aide d'indices, une valeur antérieure connue ou encore recourir à la *méthode de la capitalisation* du revenu qui permet de déterminer le montant du capital investi à partir de son rendement annuel.

Quelles que soient les méthodes employées, les résultats obtenus devront être corrigés pour tenir compte des circonstances particulières relatives au bien et à la mutation envisagés.

La valeur vénale est en principe une *valeur nette,* déduction faite des charges du vendeur ou des dettes qui grèvent le patrimoine transmis.

Lorsque le prix d'une transaction apparaît inférieur à la valeur vénale, l'administration peut, sans avoir à invoquer et à prouver une quelconque fraude, appliquer les droits d'enregistrement sur le montant de la valeur vénale. Le *rehaussement du prix* ainsi pratiqué par l'administration n'a d'incidence qu'en matière d'enregistrement. Les autres impôts, et notamment l'assiette des plus-values immobilières, continuent à être évalués à partir du prix convenu entre les parties.

B) *La liquidation des droits.* — Liquider les droits consiste à calculer leur montant en appliquant le taux adéquat à la base d'imposition. La liquidation, effectuée le plus souvent par l'administration, pose le délicat problème de la *qualification fiscale de l'opération* concernée. En effet, de cette qualification dépend non seulement le taux de l'impôt, mais aussi l'assiette imposable.

En principe, les parties choisissent librement la qualification à donner à leurs conventions. Elles peuvent donc réduire l'impôt exigible en choisissant la qualification juridique et fiscale qui leur est la plus favorable. Mais l'administration redresse les qualifications inexactes et sanctionne la dissimulation de la nature véritable d'une opération (abus de droit).

a) L'administration est tenue de redresser les *qualifications inexactes,* à condition de pouvoir apporter la preuve de ses allégations. Pour opérer son redressement, l'administration n'a pas à se préoccuper des conséquences fiscales du changement de qualification. En toute hypothèse, elle ne saurait modifier, pour des motifs fiscaux, une qualification exacte.

La modification de qualification peut porter sur la nature même de l'acte concerné (vente ou bail, contrat ou donation) ou sur la nature du bien transmis (meuble ou immeuble, fonds de commerce ou élément d'un fonds).

b) Sont constitutifs d'*abus de droit* et « ne peuvent être opposés à l'administration des impôts les actes qui dissimulent la portée véritable d'un contrat ou d'une convention à l'aide de clauses : « Qui donnent ouverture à des droits d'enregistrement ou à une taxe de publicité foncière moins élevés... » (LPF, art. L. 64).

L'abus de droit implique la simulation délibérée d'une opération juridique en vue de tromper le fisc. En ce sens il se distingue de la simple erreur de qualification qui n'implique ni manœuvre ni intention de tromperie.

Constitue un abus de droit la donation déguisée sous forme d'une vente moyennant une rente viagère de faible montant (Cass. civ., 31 janvier 1974). En revanche, la vente d'un immeuble à un successible et l'emploi du prix à l'achat de titres exonérés de droits n'est pas une opération constitutive d'abus de droit (Cass. com., 3 novembre 1983).

Lorsqu'il peut être prouvé, l'abus de droit est lourdement sanctionné (cf. ci-dessous, p. 36).

C) *Le recouvrement des droits.*

a) Le paiement des droits est, en principe, *préalable* à la formalité d'enregistrement.

Toutefois, le paiement des droits d'enregistrement *sur états* s'effectue périodiquement pour un ensemble d'actes dressés par l'officier ministériel concerné.

De plus, le *paiement différé* est possible dans certains cas de mutation par décès (cf. ci-dessus, chap. IV), tandis que les droits de succession, certains droits d'apport en société, certaines donations d'entreprises ainsi que les droits afférents à certaines acquisitions et les paiements d'indemnités entre officiers publics et ministériels par suite de suppressions d'offices peuvent faire l'objet d'un *paiement fractionné.*

b) Le paiement s'effectue en *numéraire* ou en chèque, mais la *dation en paiement* de valeurs du Trésor ou d'œuvres d'art est admise, sous certaines conditions, pour le règlement des droits de succession.

Les redevables des droits d'enregistrement sont, soit les officiers publics (notaires, huissiers, greffiers, secrétaires des administrations) pour les actes qu'ils ont obligation de faire enregistrer, soit les intéressés eux-mêmes pour les mutations par décès et les actes soumis à l'enregistrement de manière facultative.

Le *débiteur définitif* de l'impôt est, sauf dispositions contraires, le nouveau possesseur pour les actes translatifs de propriété ou d'usufruit de meubles ou d'immeubles et la ou les parties auxquelles l'acte profite dans tous les autres cas.

Les officiers publics qui ont fait l'avance des droits d'enregistrement en tant que redevables légaux peuvent en poursuivre le recouvrement contre les parties.

c) Le *paiement est garanti* d'abord par la *solidarité* des redevables. Ainsi, les cohéritiers sont expressément solidaires du règlement des droits de succession (CGI, art. 1709). Dans les autres cas, la solidarité joue entre les parties intéressées. De plus, le Trésor a un *privilège mobilier* qui s'exerce immédiatement après celui des taxes sur le chiffre d'affaires et il dispose d'une *hypothèque légale* sur tous les biens immeubles des redevables qui ne peut être inscrite qu'à partir de la date à laquelle le défaut de paiement s'est manifesté (mise en recouvrement des majorations ou pénalités) (CGI, art. 1929 et s.).

d) La *restitution des droits* est possible lorsqu'ils ont été irrégulièrement perçus par suite d'une erreur de liquidation commise par l'agent de l'administration. Les droits indûment perçus en raison d'une erreur de fait commise par les redevables peuvent être aussi restitués, sauf s'il s'agit de la taxe proportionnelle de publicité foncière au taux de 0,60 %.

Lorsque l'acte ou le contrat enregistré a fait l'objet d'une annulation, d'une résolution ou d'une rescision (annulation d'un contrat pour cause de lésion), la restitution n'est possible que si la disparition de l'acte ou du contrat résulte d'un *jugement* passé en force de chose jugée. Encore la restitution n'est admise que si la décision judiciaire n'est pas fondée sur un événement pour lequel l'article 1961 du CGI interdit toute restitution (révocation des donations pour ingratitude ou inexécution des charges, résolution d'une vente pour défaut de paiement du prix, etc.).

La résolution amiable n'ouvre jamais droit à restitution.

3. **Les théories suscitées par l'application des droits.** — On peut distinguer entre les règles se rattachant à l'exigibilité de l'impôt, les théories relatives au contenu des actes ou conventions et celles afférentes aux présomptions et apparences.

A) *Les règles générales d'exigibilité.*

a) Actes nuls ou imparfaits. — Le droit d'enregistrement relatif à une opération juridique n'est exigible sur l'acte qui la constate que si cet acte en forme le *titre complet,* c'est-à-dire est susceptible d'en faire la preuve. Cependant, l'administration, dont le rôle est uniquement fiscal, n'est pas juge de la *validité des actes.* Si bien qu'elle peut percevoir des droits même si l'acte qu'elle enregistre est annulable (sous réserve des possibilités de restitution ci-dessus évoquées). Ce n'est que sur les *actes imparfaits,* c'est-à-dire auxquels fait défaut de manière évidente un élément essentiel de fond (prix ou consentement par exemple) ou de forme (signature), que les droits ne sont pas exigibles.

b) La règle « non bis in idem ». — Cette règle générale s'applique de manière particulière en matière de droits d'enregistrement où il est de principe que la même opération juridique ne peut être frappée deux fois du droit proportionnel ou progressif prévu d'après sa nature. En revanche, le cumul des droits fixes n'est pas interdit. Si bien que les actes d'exécution d'un acte antérieur enregistré, les actes de complément (actes rectificatifs ou interprétatifs), les actes refaits ne sont frappés que du seul droit fixe des actes innomés (cf. ci-dessus, p. 22).

B) *Les théories relatives au contenu des actes.*

a) La théorie des dispositions dépendantes et indépendantes. — Il est fréquent qu'un acte renferme des dispositions soumises à des droits d'enregistrement différents. Ainsi un acte d'apport en société peut constater des apports purs et simples, soumis au droit d'apport de 1 %, et des apports à titre onéreux frappés des droits applicables aux ventes.

Dans ces cas, le régime fiscal applicable à l'acte

dépend du caractère dépendant ou indépendant des dispositions en cause.

Si les dispositions d'un même acte sont *dépendantes* un *seul droit est perçu*. La disposition qui sert de base à la perception est celle qui donne lieu au taux *le plus élevé* (CGI, art. 670).

Si les dispositions d'un même acte sont *indépendantes, il est dû pour chacune d'elles, un droit particulier*. Toutefois, si toutes les dispositions sont passibles de *droits fixes,* seul le droit fixe le plus élevé est perçu. Dans le cas où certaines dispositions sont assujetties aux droits proportionnels et d'autres aux droits fixes, les droits proportionnels sont seuls perçus à moins que leur somme soit inférieure au droit fixe le plus élevé. Dans cette hypothèse c'est ce dernier qui sera seul exigé lors de l'enregistrement de l'acte (CGI, art. 672).

b) La théorie des conditions. — Le droit institué pour une opération juridique déterminée ne peut être perçu que si celle-ci a un *effet certain*.

Les modalités qui peuvent affecter la rédaction d'une convention sont donc susceptibles d'exercer une influence sur l'exigibilité des droits.

Ainsi la *condition suspensive* qui fait dépendre la réalisation d'une convention d'un événement futur et incertain affecte l'existence même du contrat qui ne peut être enregistré, tant que la condition ne s'est pas réalisée, que comme un acte innomé soumis au droit fixe. Le régime fiscal définitivement applicable et les valeurs imposables seront ensuite déterminés *au jour de la réalisation de la condition* (CGI, art. 676). Mais le droit fixe perçu sur l'acte conditionnel ne pourra être imputé sur l'imposition définitive.

En revanche, les actes comportant la fixation d'un *terme* ou d'une *condition résolutoire* sont enregistrés dans les conditions du droit commun dès leur rédaction, car dans l'un et l'autre cas, l'existence de l'acte juridique en cause n'est pas affectée par la condition. En effet, le terme fait dépendre la réalisation de l'opération taxable de la survenance d'un événement futur mais certain. Tandis que la condition résolutoire ne suspend pas l'effet de la convention mais la rend simplement annulable si les circonstances de la résolution surviennent.

C) *La théorie de la propriété apparente*. — On sait que l'administration peut écarter les stipulations d'un contrat si celles-ci dissimulent la portée véritable de l'accord conclu entre les parties (théorie de l'abus de droit, cf. ci-dessus, p. 29).

a) En revanche, l'administration peut se prévaloir des apparences juridiques lorsque celles-ci lui sont favorables. Ainsi le fisc est fondé à tenir pour propriétaire véritable d'un bien celui qui apparaît comme tel aux yeux des tiers, en vertu de clauses formelles de titres, de la loi ou de ses agissements.

Cette théorie joue notamment lors des mutations effectuées par un *prête-nom* qui acquiert un immeuble au nom d'un tiers auquel il le revend ensuite. Dans ce cas l'administration taxe les deux mutations successives, même si la seconde est purement formelle.

De même, les droits de mutation à titre onéreux frappent tout acte qui constate l'annulation ou la résolution amiable d'un contrat translatif de propriété. En effet, l'annulation ou la résolution modifient l'état apparent de la propriété. Les droits ne sont pas exigibles lorsque toute fraude est impossible et notamment lorsque la disparition du contrat est le fait du juge ou de la loi.

La théorie de la propriété apparente s'applique aussi aux transactions et en matière de succession (cf. ci-dessous, p. 91).

b) On rattache généralement à la théorie de la propriété apparente certaines *présomptions légales fondées sur des faits de possession* et qui sont destinées à assurer la perception de l'impôt sur ces mutations assujetties à la formalité en l'absence d'acte.

Ainsi le fait qu'un nouveau possesseur soit inscrit au rôle de la taxe foncière et cotise d'après ce rôle est suffisant pour établir, en l'absence d'acte, l'existence d'une mutation de propriété et l'exigibilité des droits de mutation (CGI, art. 1881). Des présomptions similaires sont établies pour les mutations de fonds de commerce (CGI, art. 1882) et les mutations de jouissance (CGI, art. 1883).

Toutefois, alors que ces présomptions légales de possession peuvent être écartées par la preuve contraire, la théorie de la propriété apparente constitue une présomption irréfragable fondée sur le fait que le fisc étant un tiers par rapport aux redevables, les conventions occultes ne lui sont pas opposables (C. civ., art. 1321).

4. Contrôle et sanctions en matière de droits d'enregistrement.

a) Le contrôle des droits. — Ce contrôle vise un double but. D'une part, l'administration doit s'assurer que toutes les opérations imposables ont été effectivement déclarées, d'autre part, elle doit vérifier que la valeur déclarée correspond à la valeur imposable.

La tenue de répertoires à laquelle sont astreints les officiers publics et ministériels facilite ce contrôle (CGI, art. 867).

L'*action en répétition* dont dispose l'administration s'exerce jusqu'à l'expiration de la *troisième année* suivant celle au cours de laquelle l'acte ou la déclaration a été enregistrée.

Toutefois, ce délai n'est opposable à l'administration que si l'exigibilité des droits et des taxes a été suffisamment révélée par le document enregistré ou présenté à la formalité, sans qu'il soit nécessaire de procéder à des recherches ultérieures (LPF, art. L. 180).

En cas de mutations tenues secrètes ou de successions non déclarées, le droit de reprise de l'administration s'exerce dans le délai de *dix ans* à compter du fait générateur de l'impôt. Mais la prescription abrégée (trois ans) peut bénéficier aux successions non déclarées sous certaines conditions (LPF, art. L. 181).

b) Les sanctions en matière d'enregistrement. — Les sanctions fiscales sont celles du droit commun :

— *Amendes* de 25 F ou de 200 F pour défaut de production ou production tardive d'un document ainsi que pour les omissions et inexactitudes dans les renseignements remis à l'administration.

— *Indemnités de retard* : 0,75 % par mois (loi du 8 juillet 1987). Pour les actes soumis à la formalité fusionnée il n'est pas tenu compte de la période comprise entre le dépôt d'un acte refusé et sa nouvelle présentation à l'enregistrement si celle-ci intervient dans le délai d'un mois à compter de la notification du refus (CGI, art. 1830).

— *L'insuffisance de déclaration ou de versement* n'est sanctionnée que par les intérêts de retard en cas de *bonne foi*. La bonne foi est présumée. Cependant, en cas d'insuffisance des prix ou des évaluations déclarées pour la perception des droits d'enregistrement au sens large, la *mauvaise foi* résulte du seul fait que l'insuffisance relevée excède 50 % de la valeur reconnue aux biens en cause (CGI, art. 1829). La mauvaise foi est sanctionnée par une majoration de 40 %, ou de 80 % des droits éludés, en cas de manœuvres frauduleuses.

Enfin, en matière d'enregistrement l'administration dispose d'un pouvoir de sanction particulier : le *droit de préemption*.

Lorsque le fisc estime insuffisant le prix de vente déclaré pour certains biens : immeubles, fonds de commerce, droit immobilier, droit à un bail, il peut dans le délai de six mois (ou trois mois lorsque l'acte a été enregistré au bureau du lieu de situation du bien) racheter le bien à l'acquéreur. Le rachat s'effectue au prix déclaré augmenté de 10 % et majoré du montant des frais et intérêts légaux.

Cette arme redoutable contre la fraude porte une atteinte grave à la sécurité des relations juridiques. Elle n'est qu'exceptionnellement employée par l'administration qui, d'ailleurs, éprouverait beaucoup de difficultés matérielles à la mettre systématiquement en œuvre.

CHAPITRE II

LES DROITS SUR LES MUTATIONS
A TITRE ONÉREUX

Les droits perçus sur les mutations immobilières occupent une place prépondérante dans l'ensemble des droits de mutation à titre onéreux dont ils constituent les trois quarts des recettes. C'est pourquoi nous commencerons l'étude de ce chapitre par les mutations d'immeubles.

Nous la poursuivrons par l'examen du régime des mutations de meubles, plus complexe que le précédent, quoique d'un moindre rendement.

Nous terminerons notre analyse par les mutations de jouissance.

I. — Les mutations
de propriété d'immeubles

La propriété d'un immeuble peut être transférée par le truchement d'une *vente,* convention par laquelle une des parties s'oblige à livrer une chose et l'autre à la payer (C. civ., art. 1582) ; d'un *échange*, contrat par lequel des parties se donnent respectivement une chose pour une autre (C. civ., art. 1702) ; d'un *apport en société,* enfin, par lequel deux ou plusieurs personnes affectent à une entreprise commune des biens ou leur industrie (C. civ., art. 1832). Ce dernier mode de mutation sera étudié avec les droits dus par les sociétés (cf. ci-dessous, p. 56 et s.).

1. **Les ventes d'immeubles.** — Les ventes d'immeubles donnent ouverture à un tarif de droit commun élevé. Toutefois, la portée de ce régime rigoureux est sensiblement tempérée du fait de l'institution de nombreux régimes de faveur.

A) *Régime de droit commun.* — La vente est parfaite entre les parties dès lors qu'il y a accord sur la chose (immeubles ou droit immobilier) et le prix (déterminé ou déterminable) (C. civ., art. 1583).

Le droit de vente d'immeuble est *liquidé* :

— sur le prix exprimé en y ajoutant toutes les charges en capital ainsi que toutes les indemnités stipulées au profit du cédant à quelque titre ou pour quelque cause que ce soit (CGI, art. 683);

— ou sur la valeur vénale de l'immeuble lorsqu'elle est supérieure au prix exprimé (LPF, art. L. 17).

Le *taux* d'imposition est au maximum de 15,40 %. Il s'y ajoute :

— une taxe locale additionnelle de 1,20 % perçue au profit de la commune (CGI, art. 1584) ou d'un fonds de péréquation départemental (CGI, art. 1595 *bis*);

— une taxe régionale dont le taux est fixé annuellement par chaque conseil régional dans la limite maximum de 1,60 % pour toutes les régions (CGI, art. 1599 *sexiès*). Cette taxe n'est pas perçue sur les mutations donnant ouverture au droit proportionnel de 0,60 % (divers régimes de faveur tels que les acquisitions d'immeubles ruraux par les fermiers).

Enfin, l'Etat perçoit au titre des frais d'assiette, de recouvrement, de dégrèvement et non-valeurs, 2,50 % du montant des droits départementaux d'enregistrement et de la taxe de publicité foncière. Cette somme est calculée en sus du montant de ces droits et taxes (CGI, art. 1647 V).

B) *Régimes spéciaux et exemptions.* — De nombreux régimes spéciaux et exemptions, motivés par les considérations essentiellement économiques et sociales, ont été prévus en matière de ventes d'immeubles. Seules seront étudiées les plus importantes de ces dérogations au droit commun.

a) Terrains à bâtir et immeubles assimilés. — Les mutations à titre onéreux de terrains à bâtir et d'immeubles assimilés sont exonérés de taxe de publicité foncière ou de droit d'enregistrement et soumises à la TVA.

On entend par immeubles assimilés :
— Les terrains recouverts de bâtiments destinés à être démolis ; les immeubles inachevés ; le droit de surélévation d'immeubles préexistants et la fraction de terrains correspondante (CGI, art. 691-I).

L'exonération est subordonnée à la condition, notamment, que l'acquéreur prenne l'engagement d'édifier ou d'achever un immeuble dans un délai de *quatre ans* à compter de la date de l'acte (CGI, art. 691-II). Ce délai est susceptible de prorogation.

b) Immeubles bâtis non achevés ou neufs. — Ces mutations sont exonérées de droits d'enregistrement et soumises à la TVA immobilière ainsi qu'à la taxe de publicité foncière de 0,60 %. Sont considérés comme *neufs* les immeubles achevés depuis moins de cinq ans et qui, dans ce délai, n'ont pas fait l'objet d'une mutation au profit d'une personne autre qu'un marchand de biens.

c) Immeubles destinés à l'habitation. — Ces mutations bénéficient du taux réduit de 4,20 % augmenté des taxes additionnelles (cf. tarif, p. 82). Ce régime de faveur bénéficie également aux dépendances de l'habitation (notamment les garages), ainsi qu'aux terrains sur lesquels sont édifiés ces locaux dans la limite de 2 500 m² s'il s'agit d'une maison individuelle.

L'acquéreur doit prendre l'engagement de ne pas affecter à un usage autre que l'habitation les immeubles ou fractions d'immeubles faisant l'objet de la mutation pendant une durée minimale de *trois ans* à compter de la date d'acquisition.

Lorsque l'engagement n'est pas respecté, hormis le cas exceptionnel de force majeure, l'acquéreur doit acquitter le complément d'impôt dont il avait été dispensé et une pénalité de 6 % sur le prix exprimé dans l'acte.

La vente de l'immeuble acquis avec le bénéfice de l'article 710 du CGI n'entraîne pas la déchéance de ce régime. Encore faut-il que l'acquéreur conserve l'affectation de l'immeuble à usage d'habitation jusqu'à l'expiration du délai de trois ans à compter de la date de l'acte de l'acquisition initiale.

c) Acquisitions d'immeubles ruraux par les fermiers (CGI, art. 705). — L'article 705 est *conditionnellement* applicable à toute mutation à titre onéreux de propriété, d'usufruit ou de nue-propriété d'immeubles ruraux et, notamment aux ventes, aux soultes d'échanges, aux soultes de partage lorsque la loi fiscale leur attribue un caractère translatif de propriété.

Les *conditions d'application* tiennent d'une part, à la nature des biens acquis ; d'autre part, à la personnalité de l'acquéreur.

— *L'immeuble* acquis doit être principalement affecté à un usage agricole au jour du transfert de propriété.

— *L'acquéreur* doit, en outre, au jour de l'acquisition exploiter l'immeuble en vertu d'un bail qui lui est consenti ou qui est consenti à son conjoint, à ses descendants ou aux descendants de son conjoint. Ce bail doit avoir été déclaré ou enregistré depuis au moins deux ans. Enfin, l'acquéreur doit prendre l'engagement, pour lui et ses ayants cause à titre gratuit, de mettre personnellement en valeur lesdits biens pendant un délai minimal de *cinq ans* à compter de la date du transfert de propriété.

Si ces conditions sont remplies, l'acquisition est soumise à l'impôt au taux réduit de 0,60 % à l'exclusion de toute taxe additionnelle (au lieu du taux de 13,40 %, taxes additionnelles en sus, pour les acquisitions ordinaires d'immeubles ruraux).

Le bénéfice du régime de faveur peut être *remis en cause* dans deux hypothèses :

— la cessation par l'acquéreur ou, le cas échéant, par le descendant installé ou par leurs ayants cause à titre gratuit, de l'exploitation personnelle du fonds dans le délai de cinq ans à compter de la date de son acquisition ;
— l'aliénation à titre onéreux, dans le même délai, de la totalité ou d'une partie du fonds.

La déchéance contraint l'acquéreur ou ses ayants cause à titre gratuit, à acquitter le complément de taxe dont ils ont été dispensés. En outre, une taxe supplémentaire de 6 % sur le prix exprimé dans l'acte (CGI, art. 1840 G *quater* A) est exigible.

2. **Les échanges d'immeubles.** — L'échange est un contrat par lequel les parties se donnent respectivement une chose pour une autre (C. Civ., art. 1702).

Fiscalement, il convient de distinguer les échanges d'immeubles, qui sont soumis à une tarification spécifique, des autres échanges (immeuble contre meuble ou meuble contre meuble) qui sont taxés au régime ordinaire des ventes. Les échanges qui concernent les immeubles relevant de la TVA immobilière sont, enfin, soumis à un régime spécial assez complexe.

A) *Echanges d'un immeuble contre un immeuble.* — De nombreux régimes spéciaux dérogent au régime de droit commun.

a) Régime de droit commun. — Au plan civil, l'échange s'analyse en une double vente. Toutefois, lorsque les *immeubles échangés sont d'égale valeur,* l'impôt n'est perçu, au taux de 8,60 % (CGI, art. 684), que sur la valeur de l'un des lots. Ce droit est perçu au profit de l'Etat, la taxe départementale et les taxes additionnelles ne sont pas perçues. Lorsque les *immeubles échangés sont d'inégale valeur*, qu'il soit ou non stipulé une soulte à la charge du coéchangiste favorisé, l'échange est taxable : à 8,60 % sur la valeur du lot le plus faible et au taux des ventes d'immeubles sur la différence de valeurs des lots[1]. Dans ce cas, le prélèvement de 2,50 % pour frais d'assiette est perçu en sus sur le droit ou la taxe départementale.

Le taux de 8,60 % doit être entendu comme un « taux plafond » : si la *vente* de l'immeuble échangé était taxable à un taux inférieur à 8,60 %, c'est ce taux préférentiel qui a la requête des parties, serait applicable.

---

1. Ce taux est variable selon la nature de l'immeuble cédé (cf. p. 41-42).

b) Régimes spéciaux. — Certains échanges dérogent aux règles précédemment exposées.

1° *Echanges individuels d'immeubles ruraux* (CGI, art. 708). — Les échanges remplissant certaines conditions prévues par l'article 708 du CGI sont exemptés de taxe ou du droit d'échange. Au contraire, les soultes ou les plus-values qu'ils comportent sont imposables, en principe au tarif prévu pour les ventes, du fait de leur connotation spéculative. Toutefois, sur avis de la Commission départementale de réorganisation foncière et de remembrement, elles peuvent être soumises au taux réduit de 2 % (CGI, art. 709), les taxes additionnelles et le prélèvement de 2,50 % étant perçus en sus.

2° *Echanges faits par l'Etat, les collectivités territoriales et certains établissements publics* (CGI, art. 1040). — Ces échanges sont exonérés de la taxe de publicité foncière. Toutefois, les soultes payées à l'Etat ou aux établissements susvisés donnent ouverture à la taxe départementale de publicité foncière au taux prévu pour les ventes.

Ces règles sont applicables aux échanges faits par les collectivités locales et les établissements publics locaux (CGI, art. 1042).

3° *Remembrement collectif d'immeubles ruraux.* — Ils sont exonérés de tous droits et taxes (CGI, art. 1023).

4° *Echanges réalisés par les sociétés d'aménagement foncier et d'établissement rural* (SAFER). — Ces échanges sont soumis à la taxe de publicité foncière au taux de 0,60 %, à l'exclusion de toute taxe additionnelle (CGI, art. 1028).

5° *Remembrement foncier urbain.* — L'exonération de tous droits et taxes est prévue par les art. 1055 et 1058 du Code général des impôts.

6° *Echanges de mines et carrières.* — Le régime est identique à celui prévu en matière d'échanges d'immeubles ruraux (CGI, art. 699 et 700).

7° *Echanges d'immeubles situés à l'étranger.* — Le droit de 4,80 % est liquidé sur la valeur du lot le plus important (CGI, art. 714).

B) *Echange d'un immeuble contre un meuble ou d'un meuble contre un immeuble.* — Ces échanges constituent, fiscalement, de véritables ventes. Néanmoins, par application de la *théorie des dispositions dépendantes* (cf. ci-dessus, p. 32) un seul droit de mutation à titre onéreux est exigible.

Lorsque les biens échangés seraient soumis, s'ils

étaient vendus, à des droits de même nature (droits proportionnels notamment) il y a lieu de percevoir le droit dont le taux est le plus élevé (CGI, art. 670). Par exemple, si un fonds de commerce est échangé contre un immeuble d'habitation, seul le droit sur le fonds de commerce sera perçu.

Lorsque les biens échangés sont des biens soumis, au cas de vente, à des droits de nature différente (droit proportionnel d'une part, droit fixe d'autre part), il convient de taxer la transmission qui doit être considérée comme principale du point de vue de la nature des biens échangés. Ainsi l'immeuble primera sur le meuble.

C) *Echanges d'immeubles relevant de la TVA immobilière*. — Il faut distinguer suivant que les échanges concernent ou ne concernent pas des terrains à bâtir.

1° Les échanges de *terrains à bâtir* contre d'autres terrains à bâtir ou contre d'autres immeubles situés ou non situés dans le champ d'application de la TVA sont exonérés en cas *d'échange pur et simple* ou, en cas d'échange avec soulte ou plus-value, lorsque c'est le terrain à bâtir qui a la plus grande valeur.

Dans l'échange où intervient un terrain à bâtir, la *soulte ou la plus-value* n'est donc imposable que :

— si le terrain à bâtir n'a pas la plus grande valeur : elle est alors taxée au taux de 0,60 % ;
— ou si l'échange de ce terrain est effectué avec un immeuble n'entrant pas dans le champ d'application de la TVA ; les droits sont alors perçus au taux applicable à la vente de l'immeuble non soumis à la TVA.

2° Les échanges portant sur des *immeubles assujettis à la TVA autres que des terrains à bâtir* sont soumis en cas *d'échange pur et simple* à la taxe au taux de 0,60 % sur la valeur de l'un des lots, quel que soit le statut du lot concerné vis-à-vis de la TVA.

En cas de *soulte ou plus-value*, l'immeuble qui a la plus grande valeur sert d'assiette à la taxe de 0,60 % si les immeubles échangés rentrent dans le champ d'application de la TVA. Dans le cas contraire, l'immeuble assujetti à la TVA est dans tous les cas soumis à la taxe de 0,60 %. Mais en outre, si sa valeur est inférieure à celle de l'immeuble non assujetti à la TVA, la soulte sera taxée au droit de vente applicable à l'immeuble non soumis à la TVA.

II. — Les mutations de propriété de meubles

La plupart des mutations de propriété de meubles et notamment les ventes d'objets mobiliers échappent aux droits d'enregistrement. Seules certaines ventes aux enchères publiques de meubles sont taxées au taux global de 2 %.

Les autres mutations de propriété de meubles telles que les cessions de fonds de commerce et de clientèle, les cessions d'offices et les cessions de droit à un bail d'immeubles sont soumises à des règles plus complexes que nous allons examiner.

1. **Les cessions de fonds de commerce et de clientèle.** — L'article 719 du CGI taxe aux droits de mutation à titre onéreux les mutations écrites ou verbales de fonds de commerce et de clientèle. L'article 720 vise les transmissions d'éléments d'actif pour lesquelles l'article 719 est inapplicable.

A) *Le champ d'application des art. 719 et 720 du CGI.*

a) Le fonds de commerce.

1° Le fonds de commerce est constitué par *l'ensemble* des biens mobiliers affectés à l'exercice d'une activité commerciale ou industrielle. Il se décompose en droit fiscal comme en droit privé, en :

— *éléments incorporels :*

- la clientèle (à laquelle la jurisprudence assimile l'achalandage), c'est-à-dire l'ensemble des personnes qui sont en relation d'affaires avec un commerçant ;

- les éléments qui permettent d'attirer, de retenir puis de développer cette clientèle : nom commercial, enseignes, procédés de fabrication, marques de fabrique et de commerce exploitées dans le fonds et cédées avec lui ;
- le droit au bail ou droit de se substituer au cédant dans le bail consenti par le propriétaire du local où s'exploite le fonds ;

— *éléments corporels* servant à l'exploitation du fonds : matériel, mobilier, outillage. Par exception les marchandises neuves (stock de matières premières destinées à être travaillées) ont été placées hors du champ d'application des droits d'enregistrement (CGI, art. 723, al. 1er) et soumises à la TVA par la loi du 6 janvier 1966.

2° Seule la cession de *l'intégralité* de ces éléments est regardée comme une cession de fonds de commerce. *La cession isolée* d'un ou plusieurs éléments du fonds est soumise au régime ordinaire prévu pour la nature des biens cédés (ex. : régime des ventes de meubles ordinaires pour le matériel).

Toutefois :

— la cession isolée du matériel donne ouverture au droit prévu à l'article 719 lorsque l'opération a pour résultat de permettre au bénéficiaire de la cession d'exercer les fonctions, la profession ou l'emploi dont dépendent les matériels ;
— la vente verbale d'un matériel entraîne cession de clientèle et donc perception du droit de mutation à titre onéreux de fonds de commerce, dès lors qu'elle s'accompagne de la transmission de la marque sous laquelle sont commercialisés les produits ;

— la cession par actes séparés des divers éléments constitutifs du fonds ne met pas obstacle à la perception du droit de cession de fonds de commerce sur l'ensemble des éléments cédés, si l'on se trouve en présence d'une convention unique.

Dans toutes ces hypothèses, l'article 719 est applicable. En effet, le bien cédé explicitement, ou même implicitement, est l'élément principal qui retient la clientèle, et sans clientèle point de fonds.

B) *La clientèle*. — La clientèle est l'ensemble des relations établies entre le public et un particulier dont la profession est de satisfaire à des besoins déterminés. Ces relations, commerciales ou civiles qui constituent une valeur monnayable, sont transmissibles à des tiers.

C) *Les conventions de successeurs* (CGI, art. 720). — Selon l'article 720 du CGI les dispositions applicables aux mutations de propriété à titre onéreux de fonds de commerce ou de clientèle (CGI, art. 719) sont étendues à toute convention à titre onéreux ayant pour effet de permettre à une personne d'exercer une profession, une fonction ou un emploi occupé par un précédent titulaire, même lorsque ladite convention conclue avec ce titulaire ou ses ayants cause ne s'accompagne pas d'une cession de clientèle.

Ce texte, dont la portée est très large[2], permet de taxer, notamment :

— les cessions de clientèle juridiquement mais non en fait hors du commerce (il en est ainsi pour certaines professions libérales telles que médecins, dentistes, avocats) dans l'hypothèse, fréquente, où

2. Sur les difficultés d'interprétation, voir Conseil des Impôts, 8e rapport, p. 276.

elles sont présentées sous une forme autre qu'une cession de clientèle (engagement de ne pas se rétablir et de présenter le successeur) ;

— certains contrats de nature particulière comme les cessions de portefeuilles d'agents d'assurance et de voyageurs ou représentants placiers, ou celles de licences de stationnement de taxis ;

— toutes conventions à titre onéreux, écrites ou verbales, quelles que soient leur forme ou leur qualification, qui interviennent entre membres d'une même profession et tendent à permettre à l'une des parties de développer son activité corrélativement aux restrictions que l'autre partie s'impose dans la même branche professionnelle.

D) *Régime fiscal des cessions visées aux art. 719 et 720.*

a) Assiette et liquidation des droits. — Tout comme en matière de vente d'immeubles, l'impôt est perçu sur le prix augmenté des charges ou, si elle est supérieure, sur la valeur vénale (LPF, art. L. 17).

Les charges sont réparties, s'il y a lieu, proportionnellement aux prix respectifs des marchandises neuves (dont la cession est soumise à la TVA) et des autres éléments du fonds.

Pour les conventions visées par l'article 720 CGI, les droits sont exigibles sur toutes les sommes dont le paiement est imposé au successeur, sous quelque dénomination que ce soit, ainsi que sur toutes les charges lui incombant au même titre (CGI, art. 720, 2°).

b) Tarif. — Les cessions de fonds de commerce, de clientèle et les conventions assimilées sont normalement soumises au taux de 14,20 % (impôt d'Etat : 11,80 %, taxes additionnelles, départementale : 1,40 %, communale : 1 %). Lorsque le prix (ou la valeur vénale si elle est supérieure) augmenté des charges n'excède pas 250 000 F, le calcul du droit d'Etat de 11,80 % s'effectue après un abattement de 100 000 F. Les taxes additionnelles demeurent exigibles sur l'assiette totale des droits sans réfaction. Lorsque l'assiette est supérieure à 250 000 F sans excéder 350 000 F, l'abattement est de 50 000 F.

Toutefois, certaines cessions, limitativement énumérées par le législateur, bénéficient d'un régime fiscal dérogatoire au droit commun. Ils concernent notamment :

— les acquisitions tendant à faciliter l'adaptation des structures des entreprises et le développement de la recherche : droit de mutation réduit à 2 % (soit 4,80 % avec les taxes locales);
— les débits de boissons de 3e et 4e catégories acquis en vue de leur transformation : droit de mutation réduit à 2 % (soit 4,80 % avec les taxes locales);
— les marques de fabrique non exploitées : TVA;
— les brevets d'invention : droit fixe de 430 F.

2. Cessions d'offices publics ou ministériels.

A) *Cessions proprement dites*. — Les officiers publics ou ministériels (avocats au Conseil d'Etat et à la Cour de cassation, notaires, avoués, huissiers, greffiers...) possèdent le droit de présenter un successeur à l'agrément du gouvernement et de recevoir de ce successeur le prix de leur démission.

Tout traité ou convention ayant pour objet la transmission à titre onéreux ou gratuit d'un office doit être constaté par écrit et enregistré, avant d'être produit à l'appui de la demande de nomination du successeur désigné (CGI, art. 859).

Les droits sont exigibles et immédiatement perçus dès l'enregistrement de l'acte de cession, malgré la condition suspensive de l'agrément par la Chancellerie. Mais les droits perçus sont restituables en totalité ou en partie en cas de non agrément ou de réduction du prix par la Chancellerie (CGI, art. 1964).

Les cessions à titre onéreux d'offices donnent ouverture :

— à un droit proportionnel de 11,80 % pour la perception duquel un abattement de 100 000 F est pratiqué lorsque l'assiette de l'impôt n'excède pas 250 000 F ; de 50 000 F si elle est supérieure à 250 000 F sans excéder 300 000 F (CGI, art. 724-I) ;
— aux taxes locales additionnelles de 1,40 % et de 1 % au profit du département et de la commune (CGI, art. 1584, 1595 et 1595 *bis*).

Le droit et les taxes sont perçus sur le prix exprimé dans l'acte de cession augmenté des charges (CGI, art. 724-I).

B) *Opérations assimilées au point de vue fiscal à des cessions d'offices*. — Les droits et taxes précités frappent également :

— les indemnités imposées aux nouveaux titulaires en cas de création de nouvelles charges ou de nomination de nouveaux titulaires sans présentation (CGI, art. 724-II) ;
— les indemnités imposées aux titulaires d'offices voisins en cas de suppression d'offices leur bénéficiant (CGI, art. 724-III).

3. **Cessions de droit à un bail d'immeuble et conventions assimilées**. — Toute cession d'un droit à un bail ou du bénéfice d'une promesse de bail portant sur tout ou partie d'un immeuble, quelle que soit la forme qui lui est donnée par les parties (cession de pas de porte, indemnité de départ, etc.) est sou-

mise au tarif des cessions de fonds de commerce (cf. p. 49).

L'impôt est perçu sur l'indemnité stipulée dans la convention, ou sur la valeur vénale réelle du droit déterminé par une déclaration estimative des parties si la convention ne mentionne qu'une indemnité inférieure à cette valeur vénale ou même ne mentionne aucune indemnité (CGI, art. 725, 2e al.).

Le même régime est applicable à tous actes ou conventions qui ont pour effet direct ou indirect de transférer le droit à la jouissance d'immeubles ou de locaux entrant dans les prévisions du titre 1er du décret n° 53.960 du 30 septembre 1953 (CGI, art. 725, al. 3).

Cette disposition vise essentiellement les locaux à usage commercial, industriel ou artisanal et les locaux abritant des établissements d'enseignement. Elle n'institue au profit de l'administration qu'une présomption simple de cession.

III. — Les mutations de jouissance

Le louage de chose, ou bail, est un contrat par lequel une personne (le bailleur) s'engage à fournir à une autre (le preneur) la jouissance temporaire d'une chose moyennant un prix (le loyer) habituellement proportionnel à la durée du contrat (C. Civ., art. 1709).

Le régime fiscal des baux varie suivant qu'il s'agit :

— de *baux à durée limitée,* c'est-à-dire de baux consentis pour une durée temporaire fixée par les parties. Le bail indéfiniment renouvelable par tacite reconduction est assimilé à cette catégorie ;

— ou de *baux à vie ou à durée illimitée* : les *baux à vie* sont ceux faits pour la durée de la vie soit du preneur, soit du bailleur, soit d'un tiers ou même de plusieurs personnes lorsque leur nombre ne dépasse pas trois ; les *baux à durée illimitée* sont ceux dont la durée n'a pas de limite, soit fixée par le contrat, soit susceptible d'être déterminée par les circonstances ou par l'usage des biens.

1. Baux à durée limitée.

A) *L'assiette*. — Le droit est calculé sur le prix exprimé augmenté des charges imposées au preneur ou sur la valeur locative réelle des biens loués si cette valeur est supérieure au prix augmenté des charges (CGI, art. 741-I-1°).

Le prix principal peut être exprimé :

— en argent : le droit est alors dû sur le prix couru durant la période d'imposition et non sur le loyer effectivement perçu ;

— en nature ou par référence au cours de certains produits. Dans ces cas, s'il s'agit de baux de *biens ruraux,* le droit est liquidé soit pour toute la durée du bail d'après la valeur des produits au jour de l'acte, soit d'après leur valeur au commencement de chaque période en cas de fractionnement (CGI, art. 741-I-2°). S'il s'agit de locations *autres que les biens ruraux,* le droit est liquidé soit d'après la valeur réelle des produits promis pour chaque période d'imposition, soit d'après un loyer déterminé en fonction du cours des produits selon les modalités prévues au contrat. En toute hypothèse, la valeur imposable est déterminée par voie de déclaration estimative des parties.

Les charges à ajouter au prix sont les obligations qui incombent légalement au bailleur et dont l'exécution est imposée au preneur (ex. : impôt foncier, grosses réparations). Mais ne constituent pas des charges le remboursement par le locataire au bailleur des prestations, taxes locatives et fournitures individuelles que ce dernier a acquittées pour son compte (ex. : taxe d'enlèvement des ordures ménagères).

B) *Tarif*. — Les baux à durée limitée d'immeubles et de fonds de commerce ou de clientèle sont assujettis à un droit d'enregistrement de 2,50 %. De plus ils peuvent être soumis à la taxe additionnelle au droit de bail[3] :

— au taux de 3,50 % en ce qui concerne les immeubles achevés avant le 1er septembre 1948 ; les immeubles achevés avant le 1er septembre 1948 et ayant fait l'objet de travaux après le 31 décembre 1975 ;

— au taux de 0,50 % pour les immeubles achevés entre le 1er septembre 1948 et le 31 décembre 1975 ; les immeubles achevés entre le 1er septembre 1948 et le 31 décembre 1975, et ayant fait l'objet de travaux après le 31 décembre 1975.

C) *Liquidation et paiement des droits.*

a) Baux écrits. — Depuis le 1er janvier 1970, seuls les baux écrits *d'immeubles ruraux* et de *fonds de commerce et de clientèle* dont le loyer annuel excède 1 500 F sont *obligatoirement* soumis à la formalité dans le mois de leur date (CGI, art. 635-2-8°). La présentation volontaire des baux écrits à l'enregistrement donne ouverture au droit fixe de 70 F (CGI, art. 739).

Le versement des droits peut être fractionné. L'en-

---

3. Les cas d'exonération sont énumérés à l'article 741 *bis* du CGI. Les règles d'assiette et de recouvrement sont identiques à celles applicables au droit de bail lui-même.

registrement des baux de fonds de commerce et de clientèle est effectué gratis car ces locations entrent dans le champ d'application de la TVA.

b) Locations verbales. — Le droit de bail, perçu annuellement au vu d'une déclaration est exigible :

— sur les locations verbales d'immeubles urbains bâtis situés dans une commune recensée (villes de plus de 5 000 habitants notamment) ;
— sur toutes les locations verbales d'immeubles ruraux bâtis ou non bâtis.

2. **Baux à vie ou à durée illimitée.** — Les baux à vie et les baux à durée illimitée portant sur des immeubles, des fonds de commerce ou de clientèle sont assujettis aux mêmes impositions que les mutations de propriété à titre onéreux des biens auxquels ils se rapportent.

Le droit est dû lors de l'accomplissement de la formalité à la conservation des hypothèques.

Il est liquidé :

— pour les baux à vie, sur un capital formé de dix fois le prix annuel augmenté des charges ;
— pour les baux à durée illimitée, sur un capital formé de vingt fois le prix de la rente annuelle augmenté des charges.

Chapitre III

LES DROITS SUR LES ACTES DE SOCIÉTÉS

Les actes constatant la formation, la prorogation, la transformation ou la dissolution d'une société, l'augmentation, l'amortissement ou la réduction de son capital sont soumis aux droits d'enregistrement (CGI, art. 635-1-5°).

Seuls sont exclus du champ d'application des droits les groupements qui n'ont pas la personnalité morale, tels les fonds communs de placements.

Les droits sur les sociétés forment un ensemble complexe qui sera étudié en partant des actes de constitution jusqu'aux actes de dissolution des sociétés et en examinant dans l'intervalle, les opérations de transformations, de cessions de droits sociaux et de restructuration qui marquent la vie des sociétés. Un bref survol des régimes spéciaux terminera ce chapitre.

I. — La constitution des sociétés

L'élément déterminant lors de la création de la société est constitué par les apports. « Par l'acte d'apport, les associés scellent le pacte social et manifestent leur désir d'œuvrer ensemble, autrement dit leur *affectio societatis* ; ils rendent également possible l'accomplissement du but lucratif. »[1]

L'apport en société est soumis au paiement de droits dont le montant varie suivant le type d'apport concerné.

La diversité des régimes fiscaux applicables aux apports n'est compréhensible que si l'on se souvient que cette matière est encore dominée par la traditionnelle théorie de la mutation conditionnelle.

La *théorie de la mutation conditionnelle* remonte au XVIIIe siècle, époque où la personnalité morale des sociétés n'était pas encore reconnue. En conséquence, l'apport en société n'était pas translatif de propriété et il ne pouvait être soumis aux droits de mutation ordinaires. Il fallait attendre la dissolution pour savoir à qui le bien apporté était attribué et le soumettre éventuellement aux droits de mutation s'il était dévolu à un autre associé que l'apporteur initial. Au moment de l'apport la mutation était donc *conditionnée* par les modalités du partage social. Par suite, le droit d'apport, simple imposition intermédiaire, ne pouvait être perçu qu'à un taux très modéré (actuellement 1 %).

La loi du 12 juillet 1965 a abandonné la théorie de la mutation conditionnelle des apports pour les apports d'immeubles et de fonds de commerce opérés en faveur de sociétés soumises à l'impôt sur les sociétés. Mais elle subsiste pour les sociétés qui relèvent de l'impôt sur le revenu et elle continue à produire ses effets à l'égard des apports autres qu'immobiliers et de fonds de commerce faits à des sociétés soumises à l'impôt sur les sociétés. D'où une diversité de régimes fiscaux qui se compliquent encore du fait que,

---

1. M. Cozian et A. Viandier, *Droits des sociétés*, Paris, LITEC, 1987, p. 61.

pour des raisons de neutralité fiscale, certains apports sont assujettis à la TVA.

Nous examinerons successivement les apports soumis aux droits d'apports à taux réduit, ceux qui relèvent des droits de mutation à titre onéreux et ceux auxquels la TVA est applicable. Puis nous étudierons les règles d'application des droits qui frappent ces différents apports.

1. **Les apports soumis à des droits réduits.** — En droit fiscal il faut distinguer entre ce que l'on appelle les *apports purs et simples,* c'est-à-dire les « vrais apports du droit des sociétés », ceux qui sont effectués en contrepartie de la remise de titres sociaux (actions, parts sociales) exposés à tous les risques de l'entreprise et les *apports à titre onéreux* pour lesquels l'apporteur reçoit une contrepartie indépendante des risques sociaux et qui s'analysent donc en véritable vente consentie par l'apporteur à la société.

A) Les *apports purs et simples* sont, en principe, soumis au droit d'*apport ordinaire de 1 %* car ils entrent dans le champ d'application de la théorie de la mutation conditionnelle des apports. Ainsi, quel que soit le contenu de l'apport pur et simple : apport en espèces, immobilier, fonds de commerce, droit de créance, le droit de 1 % est applicable.

Toutefois, comme on l'a indiqué, les apports immobiliers ou de fonds de commerce consentis à des sociétés passibles de l'impôt sur les sociétés sont toujours assimilés à des apports à titre onéreux et, de ce fait, ils ne bénéficient pas du droit d'apport de 1 %, mais sont frappés de droits de mutation à titre onéreux (cf. ci-dessous).

B) Si certains apports purs et simples sont ainsi soumis à des droits d'enregistrement plus élevés que celui du droit d'apport ordinaire, en revanche, d'autres échappent à l'imposition de droit commun pour être taxés de manière plus favorable.

Sont ainsi *dispensés du droit d'apport ordinaire* :

— les apports soumis à la TVA (cf. ci-dessous, § 3) ;
— les apports de brevet d'invention qui ne supportent que le droit fixe de 430 F quelle que soit la société bénéficiaire de l'apport ;
— les apports effectués dans le cadre d'une fusion ou d'une opération similaire bénéficiant d'un régime fiscal de faveur (cf. ci-dessous, III) ;
— les apports faits à certaines sociétés et organismes (sociétés immobilières d'investissement, sociétés coopératives, groupements agricoles, sociétés d'études et de recherches, GIE, etc.) (cf. ci-dessous, VI) ;
— les apports en numéraire effectués lors de la constitution d'une société nouvelle (LF 1989).

2. Les apports soumis aux droits de mutation à titre onéreux. — Le régime fiscal applicable en l'occurrence varie suivant qu'il s'agit de véritables apports à titre onéreux qui sont taxés comme de véritables ventes, d'apports purs et simples à des sociétés passibles de l'IS qui sont soumis à des droits de mutation atténués ou d'apports mixtes partiellement grevés de droits de mutation.

A) *Les apports à titre onéreux.* — L'assimilation de l'apport à titre onéreux à une vente est complète en ce qui concerne aussi bien le tarif que les modalités d'application des droits de mutation.

Ainsi, chaque nature de biens apportés est soumise au droit qui lui est particulier : les immeubles sont taxés au taux « normal » de 18,20 % auquel s'ajoute la taxe régionale, les fonds de commerce à 14,20 %. Sauf exception, les meubles sont taxés au tarif immobilier lorsqu'ils sont apportés avec des immeubles.

Les conditions d'exigibilité sont aussi celles des droits de mutation. Par exemple, à défaut d'acte, l'apport à titre onéreux d'immeubles ou de fonds de commerce devra être déclaré dans le mois de sa réalisation.

B) *Les apports assimilés à des apports à titre onéreux.*

a) Certains apports purs et simples effectués, par une personne physique ou morale non soumise à l'impôt sur les sociétés, au profit d'une société passible de cet impôt, sont frappés d'un droit de mutation qui ne peut excéder 8,60 % augmenté des taxes additionnelles perçues au profit des communes (1,20 %) et des départements (1,60 %), soit au total *11,40 %* (CGI, art. 809-I-3°).

Les apports purs et simples concernés par ce droit de mutation sont :

— les immeubles par nature ou par destination (cheptel, matériel d'usine, meubles à perpétuelle demeure), ainsi que les biens assimilés à des immeubles sur le plan fiscal (actions et parts de sociétés immobilières de copropriété dotées de la transparence fiscale) ;
— les droits immobiliers (usufruit, nue-propriété, droit d'usage et d'habitation, servitudes réelles) ;
— les fonds de commerce, les clientèles civiles et commerciales ;
— le droit à un bail ou à une promesse de bail immobilier.

En raison de ces dispositions, édictées par la loi du 12 juillet 1965, tout événement qui rend passible de l'impôt sur les sociétés une personne morale placée jusque-là hors du champ d'application de cet impôt, entraîne l'exigibilité des droits de mutation sur tous les apports purs et simples de biens ci-dessus visés qui ont été effectués par des personnes non soumises à l'IS depuis le 1er août 1965 (date d'entrée en vigueur de la loi du 12 juillet) (cf. ci-dessous, p. 68).

b) Certains apports qui sont réellement effectués à titre onéreux sont soumis au régime préférentiel des apports assimilés.

Ainsi la prise en charge par la société bénéficiaire de l'apport du passif propre à l'apporteur personne physique est une opération assujettie, en principe, aux droits de mutation sur les ventes. Cependant, lorsqu'une personne physique apporte à une société l'ensemble des éléments d'actif immobilisé affectés à l'exercice d'une activité professionnelle, la prise en charge par cette société du passif dont sont grevés les biens visés à l'article 809-I-3° du CGI (cf. ci-dessus) n'est passible que du droit minoré de 11,40 %.

Quand l'apport de l'entreprise individuelle est fait à une société nouvellement constituée (sauf si cette dernière est une société par actions ou une SARL à gérance minoritaire), il suffit au contribuable d'opter pour l'application de ce régime préférentiel. Dans les autres cas (sociétés préexistantes et sociétés nouvelles constituées sous forme de société par actions ou de SARL à gérance minoritaire), la réduction est subordonnée à un agrément administratif.

C) *Les apports mixtes.* — Le cas le plus fréquent des apports mixtes concerne l'apport en société d'une entreprise individuelle ou la transformation en société d'une entreprise individuelle.

En effet, dans ce cas la société prend en charge le passif de l'entreprise individuelle et, par suite, l'apport effectué devient, à concurrence du passif, un apport à titre onéreux assujetti au droit de vente.

Il faut donc déterminer, parmi les différents éléments de l'actif apporté, quels seront ceux sur lesquels sera imputé le passif et qui seront donc considérés comme effectués à titre onéreux.

Ce choix se réalise selon la volonté des parties qui peuvent donc minimiser l'imposition due en ayant soin d'imputer le passif sur les biens dont la mutation ne donne pas ouverture à l'impôt (espèces, créances dont l'apport à titre onéreux est effectué en franchise) ou sur les biens qui sont redevables de droits réduits (brevets) ou encore sur ceux qui relèvent de la TVA récupérable par la société (marchandises neuves, terrains à bâtir, immeubles neufs). Si ce choix n'est pas arrêté par les parties, l'imputation est effectuée par l'administration, sur chaque élément de l'actif, proportionnellement aux valeurs respectives totales du passif pris en charge et de l'actif apporté.

La jurisprudence admet, sous certaines conditions, l'exonération pure et simple d'apports mixtes de biens indivis à une société de personnes.

3. **Les apports relevant de la TVA.** — Certains apports qui entrent dans le champ d'application de la TVA sont, à ce titre, exonérés de droits d'enregistrement. Il en est ainsi des marchandises neuves faisant partie d'un fonds de commerce apporté (CGI, art. 723) et des immeubles ou des droits réels immobiliers soumis à la TVA, tels que les terrains à bâtir et les immeubles neufs achevés depuis moins de cinq ans.

Dans la pratique, l'administration dispense d'ailleurs l'apporteur du versement de la TVA si la société bénéficiaire destine ces marchandises à la revente.

4. **Les règles d'application des droits d'apport.** — Les règles d'application des droits varient, en principe, suivant la nature de l'apport.

Toutefois, quel que soit le type d'apport, la base d'imposition des droits est toujours constituée par la valeur nette des apports, déterminée suivant les règles de droit commun en matière de mutation à titre onéreux.

La valeur de l'apport est évaluée à la date de l'acte constitutif de la société ou au moment de l'apport.

La valeur à retenir est une valeur nette. Lorsque le passif qui grève un apport est pris en charge par la société, il constitue un apport à titre onéreux qui vient en déduction de la valeur vénale de l'actif pur et simple. Il s'agit alors d'un apport mixte.

Des règles particulières sont prévues pour l'évaluation des biens apportés aux sociétés de fait et aux sociétés en participation.

A) *Les apports purs et simples*. — En principe le droit d'apport est dû sur l'acte qui constate la constitution définitive de la société. En l'absence d'acte notarié, le paiement des droits a lieu lors du dépôt de la déclaration spéciale de formation de société qui doit être effectué, dans le mois qui suit cette formation, à la recette des impôts concernée (CGI, art. 638-A).

Cependant, les actes qui constatent la constitution de sociétés commerciales sont enregistrés provisoirement gratis.

Les droits normalement dus sont exigibles dans le délai de trois mois à compter de la date de ces actes.

Les actes constitutifs de sociétés civiles, de groupement d'intérêt collectif ou de groupement d'intérêt public ne bénéficient pas de ce délai de règlement.

B) *Les apports à titre onéreux*. — Les apports à titre onéreux sont considérés comme des mutations à titre onéreux ordinaires. Ce principe s'applique non seulement au tarif, mais aussi aux conditions de liquidation et d'exigibilité des droits. Ainsi les apports à titre onéreux d'immeubles, de fonds de commerce ou de droit au bail doivent, à défaut d'acte, être déclarés dans le délai d'un mois à compter de leur réalisation. De plus, ces droits d'apports sont soumis, outre aux droits d'enregistrement, à toutes les taxes additionnelles, lorsqu'ils concernent des immeubles ou des droits immobiliers.

Cependant, les droits d'enregistrement ou la taxe

de publicité foncière exigibles à raison des apports à titre onéreux d'immeubles n'étant pas perçus par les départements, les taux en vigueur ne varient pas d'un département à l'autre et sont toujours ceux applicables au 31 décembre 1983.

Certaines sociétés ou groupements bénéficient de régimes spéciaux de faveur consistant en une exonération ou une réduction des droits d'apports. Ces régimes sont examinés plus loin à la section VI de ce chapitre.

II. — Les transformations de sociétés

Durant l'existence de la société, les modifications qui affectent tant le capital que le pacte social sont susceptibles d'être soumises aux droits d'enregistrement, même si ces opérations ne sont pas constatées par un acte.

Bien plus, un simple changement de régime fiscal en cours d'existence (soumission d'une personne morale à l'impôt sur les sociétés) a des conséquences fiscales importantes.

1. Les opérations affectant le capital social.

A) *Les augmentations de capital.*

a) Les augmentations de capital par apports nouveaux devraient, en principe, être imposées de la même manière que les apports effectués lors d'une constitution de société.

Toutefois, l'article 6 de la loi 85-695 du 11 juillet 1985 exonère de droit d'apport les augmentations de capital réalisées en numéraire à partir du 1er juin 1985.

Sont assimilées à des augmentations de capital en numéraire les augmentations réalisées par compensation avec des créances liquides et exigibles de la société (prélèvement sur les comptes courants créditeurs) ou par conversion en actions d'obligations souscrites en numéraire.

Les actes qui constatent les augmentations en numéraire demeurent soumis à la formalité de l'enregistrement dans le mois qui suit leur établissement. Ils sont alors passibles du droit fixe relatif aux actes innomés (430 F) et sont assujettis au timbre de dimension.

A défaut d'acte, l'augmentation de capital doit être déclarée dans le mois qui suit l'apport en numéraire.

Les apports nouveaux effectués autrement qu'en numéraire sont soumis au régime de droit commun des apports examiné à la section I ci-dessus.

Quand l'augmentation de capital est assortie de primes d'émission, celles-ci sont assimilées à des suppléments d'apports.

b) Les augmentations de capital par incorporation de bénéfices, de réserves ou de provisions donnent lieu, quelle que soit la forme de la société, à l'application de droits d'apport.

L'augmentation de capital est soumise, depuis le 1er janvier 1988, à un droit d'apport perçu au taux spécial de 3 % lorsqu'elle se réalise dans le cadre d'une société passible de l'impôt sur les sociétés. Elle est taxée au taux normal du droit d'apport (1 %), lorsqu'elle est effectuée par une société non passible de l'impôt sur les sociétés (sociétés de personnes).

En outre, échappent en principe au droit d'apport les augmentations de capital réalisées au moyen de sommes ayant déjà supporté le droit d'apport ordinaire. Il en est ainsi, par exemple, de l'incorporation au capital de la réserve « prime d'émission » ou de certaines primes de fusion.

De même, l'incorporation au capital de certaines réserves expressément exonérées telles que la réserve spéciale de réévaluation constituée pour les immobilisations non amortissables dans le cadre de la réévaluation légale des bilans de 1976 est effectuée moyennant le seul paiement du droit fixe de 1 220 F.

Enfin, les capitalisations de bénéfices, de réserves ou de provisions réalisées par des sociétés de capitaux antérieurement soumises à un autre régime fiscal peuvent être exonérées sous certaines conditions (CGI, art. 812-I-2° modifié par la loi de finances pour 1989).

B) *Les réductions de capital*. — Lorsque la réduction intervient à la suite de pertes subies par la société, sans aucun remboursement d'apport aux associés, l'acte qui la constate est soumis au seul droit fixe des actes innomés.

En revanche, la réduction du capital donne lieu à la perception de droits lorsqu'elle s'analyse en un partage partiel de l'actif social ou en une cession de droits sociaux.

a) L'attribution de biens sociaux à des associés qui se retirent ou qui sont remboursés d'une partie de leurs droits constitue un partage partiel de l'actif social.

Dans les sociétés passibles de l'impôt sur les sociétés ce partage donne lieu à l'application du droit de partage de 1 %.

Dans les autres sociétés, le régime applicable varie suivant l'origine des biens attribués, conformément à la théorie de la mutation conditionnelle des apports.

b) La réduction du capital consécutive à un rachat par la société de ses propres titres est soumise :

— Au droit de partage de 1 % lorsque la réduction du capital et le rachat des titres sont constatés par un seul acte et effectués au moyen de valeurs communes. Dans ce cas le droit de partage est liquidé uniquement sur le montant de la réduction du capital et non, comme précédemment, sur la valeur totale des biens sociaux attribués.

— Au droit de cession de droits sociaux de 4,80 % lorsque le prix ne consiste pas en l'attribution de biens sociaux ou lorsque le rachat de titres et la réduction de capital font l'objet de deux actes distincts. Dans ce dernier cas, l'acte qui constate la réduction du capital est soumis uniquement au droit fixe des actes innomés.

C) *L'amortissement du capital*. — Cette opération qui consiste en un remboursement par la société, sans réduction du capital social, des apports consentis par les associés ne constitue pas un partage, mais une simple distribution de réserves, imposable comme une distribution de dividendes.

Par suite, l'acte qui constate l'amortissement et qui doit être enregistré dans le mois qui suit sa rédaction ne donne ouverture qu'au droit fixe des actes innomés.

2. Les changements affectant le statut social ou le régime fiscal.

A) *Les modifications statutaires*. — Le changement de statut juridique d'une société posait la question de savoir si, du point de vue fiscal, cette transformation était susceptible d'entraîner la création d'un être moral nouveau.

En effet, pour le droit privé la réponse négative ne faisait aucun doute : « La transformation régulière d'une société en une société d'une autre forme n'entraîne pas la création d'une personne morale nouvelle » (C. civ., art. 1844-3°).

Mais l'administration fiscale recourait souvent à la théorie de l'abus de droit pour montrer que le changement de type juridique masquait en réalité la création d'un être moral nouveau, ce qui générait, tant sur le plan des impôts directs que des droits d'enregistrement, un véritable « cataclysme fiscal » (M. Cozian).

Un arrêt de la Cour de cassation (Cass. com., 7 mars 1984, Société Le Joncour) a infirmé la doctrine administrative et rappelé qu'en droit fiscal comme en droit privé une transformation régulière n'entraîne jamais, *à elle seule,* la création d'un être moral nouveau.

Les modifications du statut juridique d'une société doivent, cependant, être soumises à l'enregistrement. Le droit fixe de 430 F est seul exigible.

Mais un simple changement de régime fiscal, lié ou non à une modification statutaire, peut avoir des conséquences fiscales.

B) *Le changement de régime fiscal.* — Tous les apports purs et simples faits à des sociétés relevant de l'impôt sur le revenu sont taxés au seul droit d'apport de 1 %, alors que les apports d'immeubles ou de fonds de commerce effectués au profit d'une société imposable à l'impôt sur les sociétés sont soumis au droit d'apport de 11,40 %.

Afin d'éviter une évasion fiscale consistant à créer une société de personnes bénéficiant d'apports taxés à 1 % puis à la transformer en société de capitaux moyennant le seul droit fixe, l'article 809-II du CGI dispose :

« Lorsqu'une personne morale dont les résultats ne sont pas soumis à l'IS devient imposable à cet impôt, le changement de son régime fiscal rend les droits et taxes de mutation à titre onéreux exigibles sur les apports purs et simples qui lui ont été faits depuis le 1er août 1965 par des personnes non soumises audit impôt » (cf. ci-dessus, p. 60).

Ainsi, la transformation d'une société de personnes en société de capitaux ou même la seule option d'une société de personnes pour le régime de l'impôt sur les sociétés entraîne l'exigibilité du droit d'apport de 11,40 % sur la valeur vénale des immeubles et fonds de commerce initialement apportés à titre pur et simple à la société de personne. La valeur vénale des apports est appréciée à la date du changement.

Les droits exigibles sont liquidés au vu d'une déclaration détaillée et estimative souscrite par la société débitrice à la recette des impôts du lieu d'établissement de l'is.

III. — Les cessions de droits sociaux

Les droits d'enregistrement applicables aux cessions de droits sociaux (parts sociales ou actions) diffèrent de ceux applicables aux cessions des biens sociaux. Cela résulte de la prise en compte par le fisc de l'existence de la personnalité morale de la société. Toutefois nous verrons qu'il existe des cas, généralement prévus par la loi, où dans un souci de réalisme fiscal il est fait abstraction de la personnalité morale du groupement. Dans ces cas, la cession de droits est assimilée fiscalement à une cession de biens.

Hormis les régimes spéciaux, l'imposition des droits sociaux varie suivant qu'il s'agit de cessions de parts sociales ou de cessions d'actions.

1. Les cessions de parts sociales.

A) *Le régime général.* — Les cessions de parts sociales dans les sociétés dont le capital n'est pas divisé en actions (société en nom collectif, en commandite simple ou à responsabilité limitée) sont soumises obligatoirement à la formalité de l'enregistrement.

Elles supportent alors un droit de mutation de 4,80 %.

Le même droit s'applique aux cessions de parts de société à responsabilité limitée à associé unique (EURL, EARL).

Ce droit est applicable même si la cession n'est pas constatée par un acte.

Toutefois certaines cessions de parts sociales effectuées dans les trois ans de l'apport sont soumises à un régime fiscal plus rigoureux.

B) *Les cessions de parts sociales dans les trois ans de l'apport.* — En vertu de l'article 727 du CGI, lorsqu'une cession de parts sociales a lieu dans les trois ans d'un apport en nature, elle est considérée, du point de vue fiscal, comme ayant pour objet les biens (immeubles ou fonds de commerce) représentés par les titres cédés.

Cette présomption légale qui écarte dans ce cas la « fiction » de la personnalité morale est destinée à éviter que les contribuables ne réduisent considérablement les droits de mutation encourus lors des ventes d'immeubles ou de fonds de commerce en vendant les droits sociaux d'une société de personnes à laquelle ces biens auraient été préalablement apportés. En effet, l'interposition d'une société de personnes réduirait le montant des droits de mutation à 5,80 % (1 % de droit d'apport plus 4,80 % de droit de cession), au lieu des 14,20 % dus sur les ventes de fonds de commerce et des 18,20 % minimum perçus sur les ventes d'immeubles.

Toutefois, la présomption instituée par l'article 727 ne joue pas dans les cas où l'intervention d'un être moral ne confère pas un avantage fiscal. Il en est ainsi lorsque l'apport immobilier a été soumis à la TVA qui s'applique comme en matière de vente et aussi lorsque la société de personnes dont les titres ont été cédés relève de l'impôt sur les sociétés, ce qui a pour conséquence de renchérir considérablement le coût fiscal de l'opération de cession des droits sociaux (11,40 % de droit d'apport plus 4,80 % de droit de cession).

2. **Les cessions d'actions.** — En principe les cessions d'actions échappent aux droits d'enregistrement dans la mesure où elles ne sont pas constatées par un acte (cessions d'actions au porteur par tradition manuelle ou cessions d'actions nominatives donnant lieu à l'établissement d'un simple bordereau de transfert).

Si la cession d'actions est constatée par un acte, celui-ci est enregistré au taux de 4,80 %.

3. **Les régimes spéciaux.** — Outre les régimes d'exonération ou de faveur consentis pour certaines sociétés et groupements qui seront examinés à la section VI, il faut envisager deux grands types de régimes où la cession de droits peut remettre en cause la personnalité morale de la société concernée.

A) *Les cessions d'actions ou de parts de sociétés immobilières de copropriété.* — Le principe de la transparence fiscale qui prévaut pour ces sociétés fait que la personnalité morale de la société est inopposable au fisc. Par suite, les cessions de droits sociaux consenties par leurs membres ne sont plus considérées comme des cessions de droit mobiliers incorporels mais comme des cessions directes des biens représentés par les actions ou les parts cédées.

En conséquence ces cessions donnent lieu à l'application soit des droits de mutation sur les ventes d'immeubles (5,40 % ou 18,20 % selon que l'immeuble est affecté ou non à l'habitation), soit à la TVA si la cession de droits concerne un immeuble neuf (cf. ci-dessus, p. 41).

B) *Les cessions de la totalité ou de la quasi-totalité des titres d'une société.* — Pendant longtemps, la doctrine administrative a tendu à considérer une cession massive de titres, simultanée ou successive, comme une opération entraînant la dissolution de la société.

Actuellement, l'administration s'en tient à la jurisprudence plus libérale de la Cour de cassation qui a jugé que les cessions totales de tous les titres d'une société n'entraînaient pas en principe la dissolution de la société. Sauf, bien entendu, à l'administration d'apporter la preuve d'une dissimulation du véritable caractère du contrat et à saisir éventuellement le comité des abus de droit.

De même, la réunion de toutes les parts ou actions dans une seule main n'entraîne plus la dissolution de plein droit de la société concernée (art. 9 de la loi du 24 juillet 1966, cf. ci-dessous, V).

IV. — Les fusions, scissions et apports partiels d'actifs

1. **Généralités.** — La fusion de sociétés prend la forme soit d'une absorption d'une ou plusieurs sociétés par une société existante (cas le plus fréquent),

soit d'une création de société nouvelle à laquelle plusieurs sociétés apportent leur actif.

Juridiquement cette opération s'analyse en une dissolution des sociétés fusionnées ou absorbées suivie d'un apport à la société absorbante ou nouvellement créée. Cela conduirait à une imposition très élevée tant du point de vue de l'impôt sur les bénéfices (imposition des plus-values) que du point de vue des droits d'enregistrement.

Afin de ne pas décourager les restructurations d'entreprises on applique, au moins pour les sociétés soumises à l'IS, un régime fiscal de faveur tant pour l'imposition des bénéfices que pour la mise en œuvre des droits d'enregistrement. Ce régime fiscal spécial est fondé sur le fait qu'économiquement la fusion n'entraîne pas une cessation d'entreprise, mais constitue une continuation de l'activité sociale sous une autre forme. Fiscalement on considère que la société absorbante succède dans la plénitude des droits aux sociétés absorbées. Dès lors la fusion ne présente qu'un caractère intercalaire et n'est soumise qu'à une imposition réduite.

L'apport partiel d'actif d'une société à une autre ou la scission par laquelle une société fait apport de son patrimoine à plusieurs autres sociétés bénéficient aussi du régime de faveur, tout au moins en matière de droits d'enregistrement.

2. **Le régime fiscal de ces opérations.** — Le régime fiscal spécial ne s'applique qu'aux personnes morales soumises à l'IS, les opérations de fusion et assimilées effectuées par les autres sociétés sont soumises au régime de droit commun.

A) *Le régime de droit commun.* — Dans ce régime les apports faits par les sociétés fusionnées sont taxés selon les règles ordinaires des droits d'apports et des mutations à titre onéreux.

Dans ce cas le passif des sociétés dissoutes qui est pris en charge par la société absorbante ou nouvellement créée constitue un apport à titre onéreux.

L'augmentation de capital de la société absorbante est aussi imposée suivant le régime de droit commun.

B) *Le régime spécial.* — Pour la mise en œuvre du régime spécial, il faut distinguer entre les fusions et les autres opérations.

a) Le régime spécial applicable aux fusions. — En matière de droits d'enregistrement, l'application du régime spécial est indépendante du régime auquel l'opération peut être soumise en matière d'impôts directs.

— *Le champ d'application du régime spécial.* Le bénéfice du régime spécial est accordé à toutes les fusions. Le statut fiscal des sociétés concernées par ces opérations ne joue qu'un rôle limité. En effet, le régime spécial est applicable dès lors que la société bénéficiaire des apports est soumise à l'is. Les sociétés apporteuses peuvent être assujetties à l'impôt sur le revenu. Toutefois, dans ce cas, le régime spécial ne s'applique pas aux apports à titre onéreux. Ces apports seront soumis aux droits de mutation ordinaires.

Aucun agrément préalable n'est en principe requis, en matière de droit d'enregistrement, pour bénéficier du régime spécial des fusions. Seuls les apports d'une société française à une société étrangère non résidente de la cee doivent faire l'objet d'un agrément ministériel.

— *Le contenu du régime spécial.* Les apports purs et simples faits à la société absorbante échappent au droit d'apport ordinaire et sont soumis au seul droit fixe de 1 220 F.

De plus, la prise en charge par la société absorbante du passif dont sont grevés les apports n'est pas regardée comme un apport à titre onéreux et en conséquence elle est affranchie des droits de mutation.

Cependant, si l'opération fait apparaître un boni de fusion, c'est-à-dire que la valeur de l'actif net de la société absorbée excède le montant du capital de cette société, ce boni est frappé d'un droit de 1,20 % qui doit être acquitté par la société absorbante. En revanche, ce droit ne sera plus exigible lors de la capitalisation éventuelle de la prime de fusion représentant le boni.

En outre, si la société apporteuse n'est pas soumise à l'is, les apports d'immeubles, de fonds de commerce et assimilés sont regardés comme des apports à titre onéreux taxés au taux de 11,40 % (cf. ci-dessus, p. 60).

En vertu d'un principe général de l'enregistrement (cf. ci-dessus, p. 32) une même opération ne peut donner lieu à la perception cumulée d'un droit fixe et d'un droit proportionnel. Le plus souvent les opérations de fusion dégagent un boni et ont lieu entre des sociétés imposables à l'is, si bien que l'application du seul droit d'apport de 1,20 % (à l'exclusion du droit fixe de 1 220 F) apparaît comme le droit commun des fusions.

b) Le régime spécial applicable aux autres opérations. — Quelques particularités caractérisent la mise en œuvre du régime spécial pour les scissions et apports partiels d'actifs.

— Les scissions sont en principe imposées comme les fusions au droit de 1,20 % sur le montant du boni dégagé par la société scindée. Cependant, ce droit n'est pas exigible si l'opération n'a pas reçu l'agrément pour bénéficier du régime spécial des fusions en matière d'impôts directs. La scission non agréée est alors soumise au seul droit fixe d'enregistrement de 1 220 F.

— Pour les apports partiels d'actif la perception du droit de 1,20 % est conditionnelle. En effet, dans ce cas, la société, auteur de l'apport, subsiste et a la faculté de conserver ou de distribuer les droits sociaux rémunérant son apport.

Le droit de 1,20 % n'est dû que si les titres représentatifs de l'apport sont distribués entre ses membres par la société apporteuse dans le délai d'un an à dater de l'apport.

En pratique une telle distribution est tout à fait exceptionnelle car, pour bénéficier du régime de faveur en matière d'impôts directs, la société apporteuse est tenue de conserver pendant au moins cinq ans les titres reçus en contrepartie de l'apport.

Donc, l'apport partiel d'actif est pratiquement toujours soumis au seul droit fixe de 1 220 F.

V. — La dissolution des sociétés

La dissolution d'une société doit, à défaut d'acte la constatant, faire l'objet d'une déclaration à la recette des impôts compétente dans le mois qui suit sa réalisation. Cette déclaration est passible, comme l'acte auquel elle se substitue, du droit fixe de 1 220 F.

Si la société n'a pas d'actif à partager, « ce simple faire-part fiscal n'est donc pas d'un coût prohibitif » (M. Cozian). Mais s'il y a partage, des droits proportionnels plus élevés sont perçus suivant le statut de la société.

1. Le partage des sociétés passibles de l'IS. — La théorie de la mutation conditionnelle des apports ne s'appliquant plus aux sociétés imposables à l'IS, le

partage de celles-ci est en tous points soumis aux mêmes règles que celles qui régissent les partages ordinaires.

Le droit de 1 % est dû sur l'intégralité de l'actif net partagé, les soultes éventuelles étant seules soumises aux droits de mutation à titre onéreux.

Le droit de partage est assis sur le montant de la somme effectivement partagée déduction faite des dettes, frais et impôts qui incombent à la société au moment de la liquidation.

Ainsi les honoraires du liquidateur, les frais de publicité liés à la clôture de la liquidation, le précompte mobilier éventuellement dû sur la distribution du boni de liquidation sont déductibles de l'actif net, de même que le droit de partage lui-même. Pratiquement on tiendra compte de la déduction de ce droit en appliquant sur le montant de l'actif partageable un taux de 1/101.

2. Le partage des sociétés non passibles de l'IS. — Pour ces sociétés, comme pour les groupements d'intérêt économique ou d'intérêt public, il convient de combiner les règles applicables aux partages ordinaires et celles résultant de la théorie de la mutation conditionnelle des apports.

Généralement, la complexité de ces règles est évitée par la liquidation des différents éléments de la société, si bien que, les dettes et frais payés, seules subsistent à l'actif des liquidités qui peuvent être partagées contre la seule perception du droit de partage ordinaire de 1 %.

Mais lorsque des biens font partie du partage, il faut alors distinguer entre les acquêts sociaux et les apports purs et simples de corps certains en distinguant pour ces derniers selon qu'ils sont ou non attribués à leur apporteur.

A) *Les acquêts sociaux.* — Ceux-ci sont constitués par tous les éléments du patrimoine social auxquels la théorie de la mutation conditionnelle des apports est inapplicable.

Il s'agit donc essentiellement des liquidités ou des biens fongibles apportés à titre pur et simple ainsi que des biens apportés à titre onéreux ou acquis par la société depuis sa constitution.

Le partage des acquêts sociaux est assujetti au droit de partage ordinaire de 1 %. Le droit de partage est appliqué sur la valeur vénale réelle des acquêts diminuée du montant du passif et, le cas échéant, des soultes.

En effet, lorsque le partage comporte une soulte au profit d'un des associés ou lorsque l'un des associés reçoit des biens dont la valeur excède la part d'actif qui lui revient au prorata de ses droits sociaux, les droits de mutation à titre onéreux sont dus sur la soulte ou la plus-value au taux prévu selon la nature des biens compris dans ce lot (cf. ci-dessus chap. 2).

Si la soulte s'impute sur des biens passibles de la TVA, c'est celle-ci qui est due et non les droits de mutation.

B) *Les corps certains apportés à titre pur et simple.* — Il s'agit ici des apports purs et simples de biens identifiables (immeubles, fonds de commerce, matériel, droit au bail, etc.) auxquels la théorie de la mutation conditionnelle est donc applicable.

a) Lorsque ces biens sont attribués à l'associé qui en avait fait apport ou à ses ayants droit, cette attribution n'est soumise ni aux droits de mutation, ni au droit de partage.

Toutefois, s'il s'agit de biens ou de droits immobiliers assujettis à la publicité foncière, la taxe de publicité foncière de 0,60 % est due.

b) Lorsque ces biens sont attribués à un associé autre que l'apporteur, l'attribution constitue une vente passible du droit propre à chaque catégorie de biens et applicable sur la valeur vénale totale des biens à la date du partage.

On notera que les biens immobiliers qui entraient dans le champ d'application de la TVA immobilière au moment de l'apport en société seront normalement soumis au droit d'enregistrement au moment du partage. Cependant, du fait qu'ils ont été taxés à la TVA au moment de l'apport, la théorie de mutation conditionnelle des apports ne leur est plus applicable et ils sont considérés comme des acquêts sociaux qui ne supportent que le droit de partage de 1 %.

3. **Dissolution de sociétés et cessions de droits sociaux.** — La cession de la totalité ou de la quasi-totalité des titres d'une société n'entraîne plus, de son seul fait, la dissolution de la société. Donc de telles cessions ne seront en principe pas considérées comme des ventes de l'actif social donnant ouverture au droit de vente d'après la nature des biens cédés. Cependant, si la cession totale de titres s'accompagne, par exemple, d'un changement radical d'activité équivalant à une cessation des activités de la société vendue, alors les droits de mutation seront dus sans préjudice des impositions applicables en matière d'impôts directs.

Les cessions de droits sociaux qui entraînent la réunion de toutes les parts sociales dans une seule main ne provoquent pas la dissolution de plein droit d'une société commerciale.

La situation peut être régularisée dans le délai d'un an et ce n'est qu'au terme de ce délai que la dissolution peut être demandée, sauf bien entendu s'il s'agit d'une EURL ou d'une EARL.

Si la dissolution est demandée, les droits incorporels acquis se trouvent transformés en droits de copropriété indivise sur les valeurs qui composent le fonds social et en conséquence les droits d'enregistrement applicables sont ceux pratiqués en cas de licitation, sous réserve toutefois de l'application de la théorie conditionnelle des apports pour les sociétés non passibles de l'IS.

VI. — Les régimes spéciaux

Ces régimes s'appliquent notamment aux sociétés qui opèrent dans les secteurs économiquement et politiquement sensibles tels que l'immobilier et l'agriculture.

Ainsi les principaux actes qui concernent la vie des sociétés de construction et notamment celle des sociétés immobilières de copropriété transparentes (art. 1655 *ter* du CGI) sont généralement exonérés de droits proportionnels et soumis au seul droit fixe de 1 220 F.

Cette exonération est subordonnée en particulier au strict respect par la société de son objet social qui ne doit concerner que la construction d'immeubles affectés pour plus des trois quarts à l'habitation.

Des avantages de nature semblable sont accordés aux sociétés immobilières d'investissement.

Dans le secteur agricole, les sociétés coopératives sont exonérées en principe de tout droit d'enregistrement sur les actes et écrits de toute nature les concernant (CGI, art. 1030 et 1031). Seuls les actes publiés à la Conservation des hypothèques supportent le droit de 0,60 %.

De la même manière, les actes constatant la constitution, l'augmentation du capital, la transformation ou la prorogation des groupements agricoles d'exploitation en commun (GAEC) et des groupements agricoles fonciers et fonciers agricoles (GAF et GFA) sont, en principe, enregistrés contre paiement du seul droit fixe de 430 F. Toutefois les apports à titre onéreux faits aux GAF et GFA sont soumis aux droits de mutation, tandis que les apports immobiliers supportent la taxe de publicité foncière de 0,60 %. En revanche, les augmentations de capital en numéraire sont enregistrées gratis.

Des règles quasiment similaires s'appliquent aux groupements forestiers et pastoraux.

Les cessions de parts dans ces divers groupements sont soumises à des régimes différents suivant la personnalité du cessionnaire et les conditions de la cession. Toutefois, le taux de droit commun de 4,80 % n'est qu'exceptionnellement pratiqué.

Les sociétés d'études et de recherches, les sociétés civiles professionnelles, les sociétés reprises par leurs salariés bénéficient aussi de régimes d'enregistrement de faveur.

Enfin, pour les personnes morales diverses autres que les sociétés (groupements d'intérêt économique ou d'intérêt public, associations), il existe des règles spéciales.

BAUX (p. 52 et s.)

Baux à durée limitée d'immeubles	2,50 % plus taxe additionnelle 0,50 % ou 3,50 %
Baux fonds de commerce et clientèle	TVA
Baux de chasse ou de pêche	18 % ou 2,50 % (taux réduit)

FONDS DE COMMERCE (cession) (p. 46 et s.)

Eléments incorporels et matériel	11,80 % plus 1,40 % taxe additionnelle, départementale plus 1 % taxe additionnelle, communale
Marchandises neuves	TVA

IMMEUBLES (ventes) (p. 40 et s.)

Habitations	4,20 % (taxe départementale, minimale) plus 1,20 % (taxe communale) plus 1 % à 1,60 % (taxe régionale)
Immeubles non ruraux	15,40 % (taxe départementale, maximale) plus 1,20 % (taxe communale) plus 1 % à 1,60 % (taxe régionale)
Immeubles ruraux (cas général)	13,40 % (taxe départementale, maximale) plus 1,20 % (taxe communale) plus 1 % à 1,60 % (taxe régionale)
Immeubles neufs ou inachevés	0,60 % (TPF) plus TVA
Immeubles sis à l'étranger	4,60 %
Terrains à bâtir	TVA

IMMEUBLES (échanges)
  (p. 43)

Echange sans soulte	8,60 %
Echange avec soulte	8,60 % plus droit de vente sur soulte

**MEUBLES (ventes aux
  enchères) (p. 46)**

Régime général	1,10 % plus 0,50 % taxe additionnelle, départementale plus 0,40 % taxe additionnelle, communale

SOCIÉTÉS (p. 56 et s.)

Apports purs et simples	1 %
Apport en nature à société passible de l'IS	8,60 % plus taxes locales selon apport
Apports à titre onéreux	droit de vente selon apport
Cession de parts ou d'actions	4,80 % (régime général)

CHAPITRE IV

LES DROITS
SUR LES TRANSMISSIONS
DE PATRIMOINE
À TITRE GRATUIT

Les mutations à titre gratuit, c'est-à-dire les mutations inspirées par une intention de libéralité et ne comportant en principe la fourniture d'aucune contrepartie pour leur bénéficiaire, peuvent résulter du décès (successions) ou avoir lieu entre vifs (donations).

Ces deux catégories de transmission à titre gratuit, que nous allons envisager successivement, sont soumises à des régimes fiscaux très voisins : la loi du 14 mars 1942, d'une part, a étendu aux donations les tarifs prévus pour les successions (tarifs proprement dits, abattements sur l'actif, réductions sur les droits), et notamment le tarif progressif institué en matière de mutation par décès par la loi du 25 février 1901 ; d'autre part, elle a établi des règles nouvelles de liquidation tendant à considérer les diverses donations consenties par une personne et la transmission par décès de son patrimoine comme formant un tout pour l'application de l'impôt.

Nous examinerons successivement les règles d'assiette et de liquidation des droits de succession (I), puis des droits de donation (II). Les règles de recouvrement, identiques pour les successions et les donations, seront étudiées conjointement (III). Enfin, on verra les particularités des droits sur les transmissions d'entreprises (IV).

I. — Assiette et liquidation des droits de succession

1. L'assiette des droits de succession. — L'assiette de l'impôt est l'ensemble des opérations administratives qui ont pour but, d'une part, de déterminer la matière imposable ; d'autre part, d'asseoir les bases d'imposition.

A) *La matière imposable*. — La consistance de la matière imposable est normalement déclarée par les successeurs. Elle peut être complétée par l'administration, à charge pour elle d'apporter la preuve du droit de propriété du défunt.

a) La consistance de la matière imposable.

1) *Le principe*. — Selon les termes de l'article 750 *ter* du Code général des Impôts, les droits de mutation à titre gratuit s'appliquent :

— aux biens meubles et immeubles situés en France ou hors de France, et notamment aux fonds publics, parts d'intérêts, créances et généralement toutes les valeurs mobilières françaises ou étrangères de quelque nature qu'elles soient, lorsque le donateur ou le défunt a son domicile fiscal en France au sens de l'article 4 B du CGI ;

— aux biens meubles et immeubles situés en France, et autres valeurs imposables lorsque le donateur ou le défunt n'a pas son domicile en France.

Le principe est donc que TOUS les éléments du patrimoine, quelles que soient leur origine et leur nature, sont soumis à l'impôt. Mais des exonérations ponctuelles existent, que le législateur a été conduit à limiter ces dernières années en vue d'élargir l'assiette des droits de mutation par décès[1].

La clause de tontine « d'accroissement » est un parfait exemple de cette évolution. Elle s'applique lorsqu'un bien est acheté en commun par plusieurs personnes et consiste à prévoir dans l'acte d'acquisition qu'au décès de chaque acquéreur sa part augmentera celles des autres et que le dernier survivant sera seul propriétaire. Jusqu'en 1980, la transmission de la part du prédécédé aux survivants était considérée comme une mutation à titre onéreux. Cette règle, favorable aux contribuables, a été modifiée par l'article 69 de la loi de finances pour 1980. Les biens recueillis en vertu d'une clause de tontine sont aujourd'hui soumis aux droits de succession selon le régime de droit commun. Toutefois, cette disposition, codifiée sous l'article 754 A du Code général des Impôts, ne s'applique pas à l'habitation commune à deux acquéreurs lorsque celle-ci a une valeur globale inférieure à 500 000 F. Dans ce cas, la part transmise au survivant est passible des seuls droits de vente d'immeubles soit, en principe, du tarif réduit prévu à l'article 710 du Code général des Impôts.

2) *Biens exonérés et régimes spéciaux.* — Sont exemptés de l'impôt de mutation par décès *en considération de la qualité du défunt ou du successeur* notamment les dons et legs faits à des collectivités publiques ou à des établissements charitables (CGI, art. 794, 795, 796, 1040-I).

Sont aussi exonérés, en *raison de la nature des biens transmis* (CGI, art. 793, 1131, 797-A) :

— les reversions de rentes viagères entre époux ou entre parents en ligne directe ;

1. Conseil des Impôts, 8ᵉ rapport, p. 44.

— les œuvres d'art, livres, objets de collection ou documents de haute valeur artistique ou historique dont il est fait don à l'Etat avec son agrément (loi du 31 décembre 1968) ou à un musée municipal sous la même condition (loi du 19 août 1986, art. 7 III) ;

— les titres de sociétés immobilières étrangères soumises à la taxe annuelle de 3 % détenus par des personnes domiciliées hors de France.

Enfin, les *sommes versées en vertu d'assurances en cas de décès* sont exonérées (loi du 18 octobre 1980)[2] lorsque les conditions suivantes sont simultanément réunies :

— l'assuré était âgé de 66 ans au moins au jour de la souscription du contrat ;

— les primes prévues pour les quatre années à compter de la conclusion du contrat représentent les trois quarts au moins du capital assuré en cas de décès. Lorsque plusieurs contrats sont conclus par un même assuré âgé de 66 ans au moins, ou lorsque la garantie en cas de vie et la garantie en cas de décès résultent de contrats distincts, ces contrats sont considérés comme constituant une seule opération d'assurance.

Dans ces hypothèses, les droits de succession sont dus sur la fraction du capital-décès qui excède 100 000 F.

b) La déclaration de la matière imposable.

1) *Personnes tenues de souscrire la déclaration.* — Ce sont les héritiers, les légataires ou donataires (CGI, art. 800), leurs mandataires (à condition que le mandat écrit soit spécial et exprès), et leurs représentants légaux. Toutefois, les héritiers étant (à la

2. Demeurent exclus de la taxation les contrats en cours au 21 janvier 1980 dont le capital assuré est inférieur à 300 000 F, ainsi que les contrats d'assurance temporaire en cas de décès visés à l'article L. 132.23 du Code des Assurances.

différence des légataires et donataires) solidaires pour le paiement des droits, chacun d'eux a qualité pour souscrire une déclaration unique portant sur l'intégralité de la succession.

Par exception, les ayants droit en ligne directe et le conjoint survivant sont dispensés du dépôt d'une déclaration lorsque l'actif brut successoral, imposable ou non, est inférieur à 10 000 F.

2) *Bureau compétent.* — Les mutations par décès sont enregistrées à la recette des impôts du domicile du défunt quelle que soit la situation des biens successoraux (CGI, art. 656). Les déclarations de succession des personnes non domiciliées en France doivent être déposées au centre des impôts des non-résidants, 9, rue d'Uzès 75094 Paris Cédex 2.

Les immeubles dépendant de la succession situés dans la circonscription d'un bureau autre que celui où est déposée la déclaration doivent être détaillés sur un imprimé spécial pour chaque bureau de la situation des biens.

3) *Délai.* — Six mois à compter du décès lorsque celui dont on recueille la succession est décédé en France métropolitaine, une année dans les autres cas (CGI, art. 641). Des délais supérieurs sont prévus pour les personnes domiciliées dans les DOM (CGI, art. 642). Toutefois, lorsque des biens sont rentrés dans l'hérédité après le décès, le délai de la déclaration complémentaire ne court qu'à partir du jour de l'événement qui provoque la réintégration des biens dans la succession (ex. : modification de la succession par l'annulation d'un testament).

En pratique, les déclarations de succession sont déposées avec des retards importants. Le délai moyen est de onze mois, soit près du double du délai légal. Cependant, la moitié des déclarations déposées en retard font l'objet d'un acompte substantiel[3].

3. Conseil des Impôts, 8e rapport relatif à l'imposition du capital, 1986, p. 64.

4) *Forme*. — La déclaration est obligatoirement souscrite sur une formule spéciale fournie gratuitement par l'administration en un seul exemplaire lorsque l'actif brut successoral imposable ou non est inférieur à 100 000 F ; en double exemplaire dans les autres cas.

Par note du 7 août 1985 l'administration a autorisé les officiers ministériels à substituer à l'imprimé administratif n° 2706 « déclaration de succession » (feuille intercalaire), un document servi de manière informatisée. Toutefois, cette autorisation ne concerne pas la feuille de tête n° 2705 qui continuera à être remplie dans les conditions habituelles.

5) *Contenu*. — La déclaration doit être détaillée et contenir les renseignements nécessaires pour que l'administration soit à même d'en vérifier l'exactitude et de s'assurer que tous les droits dus au Trésor ont été acquittés par les redevables (L. 25 février 1901, art. 16).

Elle indique notamment : l'état civil du défunt et des héritiers, donataires ou légataires et leur situation de famille, la date du décès, le lien de parenté, les donations consenties antérieurement par le défunt, l'énumération et l'estimation détaillée de l'actif et du passif successoral, une affirmation de sincérité qui peut être écrite à la main, dactylographiée ou apposée à l'aide d'un cachet.

Sous le régime de la loi du 6 décembre 1897 (art. 11), les déclarations signées par les successibles étaient simplement affirmées sincères et véritables. Depuis une loi du 18 avril 1918 (art. 7), toujours en vigueur, le déclarant affirme en outre sous les peines édictées par l'article 8 de la loi du 18 avril 1918 (CGI, art. 1837 : sanctions pénales), que cette déclaration comprend l'argent comptant, les créances et toutes autres valeurs mobilières françaises ou étrangères qui, à sa connaissance, appartiennent au défunt soit en totalité, soit en partie (CGI, art. 802). Si le déclarant ne formule pas cette affirmation le receveur doit refuser d'enregistrer la déclaration.

c) Preuve du droit de propriété du défunt. — En cas de déclaration incomplète il incombe à l'administration d'apporter la preuve du droit de propriété du défunt. A cet effet, elle peut invoquer soit des règles civilistes, soit différentes présomptions de propriété qui jouent jusqu'à preuve du contraire pour la liquidation et le paiement des droits, sans avoir de conséquences au regard du droit civil.

1) *Preuve par des règles du droit civil.* — Cette preuve peut résulter de l'application de la théorie de la propriété apparente, ou de l'article 2279 du Code civil, ou encore des applications en matière successorale de la théorie de l'accession (C. civ., art. 551 et s.).

Théorie de la propriété apparente : l'administration est fondée à tenir pour propriétaire véritable d'un bien celui qui apparaît comme tel aux yeux des tiers en vertu de la loi, de ses agissements ou des clauses formelles du titre. Il en résulte que toute modification ultérieure de cette situation opère une mutation taxable, même s'il est établi que ce changement ne correspond pas, au regard des parties, à une véritable transmission.

Justification de la règle : l'administration est un tiers vis-à-vis des redevables. Or, si l'acte secret n'est pas opposable aux tiers, ceux-ci sont fondés à établir la simulation et ont le droit de choisir entre l'acte ostensible et la convention secrète (C. civ., art. 1321).

Le droit de mutation frappe notamment les biens acquis comme prête-nom par le défunt et non encore rétrocédés par lui à l'acquéreur véritable[4]. Sont aussi considérés comme dépendant de la succession du défunt toutes les créances dont les titres constitutifs le désignent comme titulaire et tous les titres nominatifs immatriculés à son nom.

Application de l'article 2279 Code civil : la preuve

4. Doc. adm. instr., 2434, § 3.

de la propriété des biens peut résulter également de l'application de l'article 2279 du Code civil aux termes duquel « en fait de meubles, la possession vaut titre ». C'est ainsi que sont présumés appartenir au défunt les meubles meublants placés dans son appartement, les titres au porteur trouvés à son domicile ou dans un coffre-fort loué par lui dans une banque. Les héritiers peuvent apporter la preuve contraire en faisant appel à des moyens de preuve compatibles avec la procédure écrite.

Théorie de l'accession : selon cette théorie civiliste la propriété d'une chose, mobilière ou immobilière, donne droit sur ce qui s'y inscrit accessoirement, soit naturellement, soit artificiellement.

2) *Preuve par des présomptions fiscales de propriété.* — Ces présomptions légales ont pour ambition de faire obstacle à certaines formes de fraude ou d'évasion. Elles sont énoncées aux articles 751 à 754 et 754-B du CGI.

— L'article 751 du Code général des Impôts institue au profit de l'administration une présomption de propriété dans les cas de démembrement de propriété entre le défunt et les successibles.

— L'article 752 énonce une présomption analogue pour les titres (actions, obligations, parts de fondateur ou bénéficiaires, parts sociales) et toutes autres créances dont le défunt a eu la propriété ou a perçu les revenus, ou à raison desquels il a effectué une opération quelconque moins d'un an avant son décès.

La présomption de l'article 752 s'applique également aux sommes retirées du compte bancaire[5] ou du compte de caisse d'épargne[6] du défunt dans les douze mois précédant le décès. De même, les titres,

---

5. Cass. com., 13 janvier 1987, *RJF*, 3/87, n° 370.
6. Cass. com., 3 mars 1987 (3 arrêts), *BF*, 5/87, Inf. n° 711.

sommes ou valeurs faisant l'objet de comptes indivis ou collectifs avec solidarité (art. 753) ou les sommes, titres ou objets trouvés dans un coffre-fort loué conjointement à plusieurs personnes (art. 754) sont réputés être la propriété conjointe de ces personnes et dépendre pour une part virile de la succession.

La preuve contraire est réservée tant à l'administration qu'aux redevables.

— Enfin, aux termes de l'article 754 B-I du CGI, certains dirigeants de sociétés peuvent être considérés comme propriétaires de titres non vendus au jour du décès.

B) *La base d'imposition*. — La base d'imposition — qui n'est pas encore la base taxable — est constituée par la fortune *nette* du *de cujus*. Il convient donc, tout d'abord, d'évaluer le patrimoine de la personne décédée, ensuite, de déduire de l'actif brut certaines charges grevant la succession.

a) Evaluation de l'actif brut. — L'actif brut est évalué au moment du fait générateur de l'impôt selon certains procédés d'évaluation.

1) *Fait générateur*. — Le décès, en opérant la mutation des biens, est le fait générateur des droits de succession.

L'article L. 102-A du LPF prescrit donc aux maires de fournir dans les mois de janvier, avril, juillet et octobre, au service des impôts, les relevés des actes de décès établis au cours du trimestre. L'administration, agissant comme demanderesse dans la réclamation de l'impôt (C. civ., art. 1315), peut aussi établir le décès en se prévalant des présomptions légales des articles 1881 et 1882 du CGI (changement de redevables dans les taxes foncières). Elle peut également faire valoir tous les autres modes de preuve compatibles avec la procédure écrite (LPF, art. R 195.1).

Le fait générateur détermine, notamment, le point de départ du délai imparti pour souscrire la déclaration de succession, le tarif applicable et la valeur imposable des biens transmis par décès.

2) *Les procédés d'évaluation.*

En principe, les biens successoraux sont évalués par les héritiers à leur valeur vénale au jour du décès, fait générateur de l'impôt (CGI, art. 758, 761).

En cas de divergence d'appréciation entre le redevable et l'administration, c'est à celle-ci d'apporter la preuve de l'insuffisance d'évaluation par rapport à la valeur vénale réelle du bien concerné. La commission de conciliation peut être saisie en cas de recours contentieux.

Par exception, lorsque l'évaluation de certains biens est techniquement difficile, voire aléatoire, le législateur a fixé un ensemble de présomptions qui constituent des bases légales d'évaluation. Tel est le cas des meubles corporels, valeurs mobilières et droits sociaux, créances et immeubles et fonds de commerce (CGI, art. 764).

Meubles corporels : les modalités d'évaluation de ces biens varient suivant qu'il s'agit de meubles meublants, de bijoux, pierreries, objets d'art ou de collection, d'autres meubles corporels.

Toutes les bases d'évaluation indiquées ci-après admettent la preuve contraire de la part des redevables comme de l'administration. Cette preuve, à fournir dans les formes compatibles avec la procédure écrite, est en pratique assez rarement rapportée.

Meubles meublants : la valeur taxable des meubles meublants c'est-à-dire des meubles « destinés à l'usage et à l'ornement des appartements » (Civ., art. 534) est déterminée légalement, dans l'ordre de préférence, par : la vente publique, l'inventaire, la déclaration détaillée et estimative des parties. Mais dans cette dernière hypothèse, la valeur imposable ne peut être inférieure à 5 % de l'ensemble des autres biens successoraux sans que l'administration ait à prouver l'existence de meubles meublants dans la succession. Le forfait de 5 %, a donc le caractère d'une double présomption d'existence et de valeur du mobilier meublant. Il doit être appliqué d'office par l'inspecteur chargé du contrôle lorsque l'estimation des parties est inférieure ou qu'il n'est pas fait mention de meubles meublants[7]. Il n'en serait autrement que si la preuve contraire était administrée par les parties. A cet égard, un inventaire régulier peut constituer un élément décisif de la preuve contraire[8]. L'administration n'exige pas, en pratique, une estimation détaillée si les redevables déclarent s'en tenir au forfait de 5 %[9].

Ce forfait se calcule avant déduction du passif sur l'ensemble des valeurs mobilières (autres que les meubles meublants) et immobilières composant l'actif successoral. Il convient, en conséquence, d'exclure de la base du calcul du forfait les rapports et les biens exemptés de droits par application de l'article 793 du CGI.

Bijoux, pierreries, objets d'art ou de collection : la valeur est déterminée, sauf preuve contraire, par le prix exprimé dans un acte de vente lorsque cette vente a lieu publiquement dans les deux années du décès. A défaut, est retenue la valeur figurant dans tout acte estimatif dressé dans les cinq ans du décès. Toutefois, cette valeur ne peut être inférieure à celle figurant dans une police d'assurance souscrite moins de dix ans avant l'ouverture de la succession (CGI, art. 764-II). A défaut de vente publique et d'acte estimatif, et en l'absence de contrat d'assurance, la valeur est constituée par la déclaration détaillée et estimative des parties, sans minimum.

Autres meubles corporels : les meubles corporels n'entrant pas dans les deux catégories précédentes (linge de corps ou de maison, vaisselle, automobiles, matériel agricole non immobilier par destination) sont évalués suivant les mêmes critères que les bijoux, pierreries, objets d'art ou de collection, avec cette réserve qu'aucun minimum fondé sur une police d'assurance ne vise la déclaration estimative des parties.

Valeurs mobilières et droits sociaux : pour les valeurs mobilières cotées, l'évaluation se fait au cours moyen de la bourse au jour de la transmission (CGI, art. 759). Ce cours s'impose tant aux redevables qu'à l'administration. A défaut de cotation le jour du décès, on retient en pratique le cours de la Bourse le plus proche du décès[10], bien qu'en l'occurrence ce cours ne constitue pas une base légale.

Pour les valeurs mobilières non cotées, leur valeur vénale est

7. Inst. adm., 4655, § 11.
8. Doc. adm., BOED, 61.8365-IV.
9. Inst. adm., 3784, p. 13.
10. Inst. adm., 3439, p. 3.

déterminée d'après la déclaration détaillée et estimative des redevables. Cette valeur, qui est soumise au contrôle de l'administration, doit être déterminée d'après l'ensemble des éléments qui permettent d'obtenir un chiffre aussi voisin que possible de celui qu'aurait entraîné le jeu normal de l'offre et de la demande.

Créances : les créances à terme de toute nature dépendant d'une succession sont taxées sur le capital nominal (CGI, art. 760). Toutefois, les créances faisant l'objet d'une adjudication en justice ou devant notaire commis sont liquidées sur le prix de vente de la créance. Enfin, les droits de mutation à titre gratuit sont liquidés d'après la déclaration estimative des parties, en ce qui concerne les créances dont le débiteur se trouve en état de redressement judiciaire, de liquidation judiciaire ou de faillite personnelle au moment de l'ouverture de la succession.

Immeubles et fonds de commerce : ils sont imposables sur leur valeur réelle au jour du décès. Toutefois, si dans les deux années qui ont précédé ou suivi le décès, les immeubles transmis ont fait l'objet d'une adjudication publique, les droit de succession ne peuvent pas être calculés sur une somme inférieure au prix de l'adjudication augmenté des charges. Cette base légale d'évaluation s'impose aux parties comme à l'administration, à moins qu'il ne soit justifié que la consistance des immeubles a subi, dans l'intervalle, des transformations susceptibles d'en modifier la valeur (CGI, art. 761).

Pour les *biens transmis en usufruit ou en nue-propriété,* leur valeur est fixée forfaitairement à une fraction de la valeur de la propriété entière d'après l'âge de l'usufruitier, conformément au barème ci-après :

Age de l'usufruitier	Valeur de l'usufruit	Valeur de la nue-propriété
Moins de 20 ans révolus	7/10	3/10
30 —	6/10	4/10
40 —	5/10	5/10
50 —	4/10	6/10
60 —	3/10	7/10
70 —	2/10	8/10
Plus de 70 ans révolus	1/10	9/10

Procédé mémotechnique : pour obtenir la valeur de l'usufruit on retranche du chiffre 8 le chiffre des dizaines de l'âge de l'usufruitier. Ex. usufruitier âgé de 51 ans — Valeur de l'usufruit

$$= \frac{8-5}{10} = \frac{3}{10}.$$

b) Passif successoral et autres déductions. — Outre les dettes du défunt (passif successoral)[11], il y a lieu de déduire de l'actif héréditaire, pour le calcul des droits de mutation :

— parce qu'elles ne lui appartenaient pas, les sommes détenues à titre précaire par le défunt en qualité de mandataire, de dépositaire, de tuteur ou d'usufruitier ;
— parce qu'ils ont déjà supporté le droit de donation (application de la règle *non bis in idem*), les rapports de biens donnés en avancement d'hoirie, les sommes données entre vifs et non payées au décès du donateur, les legs.

Le passif est admis en déduction à *quatre conditions*.

Première condition : la dette doit exister à la charge personnelle du défunt au jour du décès.

N'est donc pas déductible, la charge qui ne prend naissance qu'après le décès et dans la personne des héritiers[12] (frais de scellés, d'inventaire de partage, etc.) ou la dette affectée de nullité absolue (ex. : contractée sous l'effet de la violence).

En revanche, sont déductibles, puisqu'ils ont pris naissance avant le décès, les *frais de dernière maladie du défunt* encore dus au décès, quel que soit leur montant, ainsi que les *frais funéraires*, alors même qu'il s'agit d'une dette née après l'ouverture de la succession. Cette dérogation à la règle générale a été instituée par l'article 58 de la loi du 28 décembre 1959.

Par frais funéraires, il faut entendre les frais de l'inhumation et de la cérémonie qui l'accompagne. Peuvent être déduits égale-

11. Maguero, *Traité des droits d'enregistrement*, t. V, n° 817.
12. Doc. adm., BOED, 65-9502.

ment les frais exposés par les héritiers pour l'acquisition d'une concession dans un cimetière et pour la construction ou l'ouverture et la fermeture d'un caveau. Les frais funéraires sont déductibles de l'actif successoral proprement dit dans la limite d'un montant maximum de 3 000 F (CGI, 775) ; ils ne constituent pas un passif de communauté.

Enfin, les impôts dus par le défunt, même mis en recouvrement postérieurement au décès, sont déductibles dans les conditions ordinaires. Il en est ainsi, en particulier, pour l'impôt sur le revenu.

Deuxième condition : la dette doit être justifiée.

La justification de la dette peut résulter non seulement d'un acte ou d'un écrit, mais encore de présomptions graves, précises et concordantes.

En revanche, ne peuvent être retenus, ni la preuve testimoniale, ni l'aveu, notamment l'aveu des héritiers rapporté dans les énonciations d'un inventaire ou d'un partage. Il en est de même du commencement de preuve par écrit [13] à moins qu'il ne soit corroboré par d'autres présomptions suffisamment probantes.

Troisième condition : la dette doit satisfaire à certaines formes légales.

Lors du dépôt de la déclaration les dettes dont la déclaration est demandée sont détaillées, article par article, dans un inventaire certifié par le déposant et annexé à la déclaration de succession (CGI, art. 770) ou inséré dans le corps de cette déclaration[14].

Depuis 1963, le receveur ne peut, en aucun cas, refuser de déduire en totalité ou en partie un passif énoncé à l'inventaire dont la déduction est demandée, même s'il apparaît que ce passif ne peut être définitivement admis. Mais, bien évidement, l'administration peut réclamer, *a posteriori,* un certain nombre de justifications qui varient suivant la nature du titre invoqué.

Quatrième condition : la dette ne doit pas figurer parmi celles dont la déduction est prohibée.

Il s'agit :

— des dettes du défunt envers ses successeurs, ces dettes étant présumées fictives ;
— des dettes reconnues par testament à moins qu'elles soient justifiées par d'autres modes de preuve compatibles avec la procédure écrite (CGI, art. 773, al. 3) ;

13. L'article 1347 du Code civil désigne sous le nom de commencement de preuve par écrit « tout acte par écrit qui est émané de celui contre lequel la demande est formée ou de celui qu'il représente et qui rend vraisemblable le fait allégué ».
14. Doc. adm., 7 G 1670.

— des dettes échues et dettes garanties par une inscription hypo-
thécaire périmée (CGI, art. 773) ;
— des dettes prescrites, à moins qu'il ne soit justifié que la prescription a été interrompue (CGI, art. 773-5°). Toutes les actions
tant réelles que personnelles, se prescrivent par trente ans
(C. civ., art. 2262). Toutefois, la loi édicte des prescriptions particulières plus courtes.

2. **Liquidation des droits de succession.** — Il existe
deux formes principales de taxation du capital par
suite de décès :
— l'impôt sur l'actif successoral qui est assis sur la
totalité de l'actif laissé par le *de cujus* ;
— l'impôt sur les parts successorales perçu sur la
fraction d'héritage reçu par chaque légataire indépendamment du patrimoine successoral[15].

Le régime français d'imposition repose sur cette
dernière forme. Les droits sont donc calculés sur
« la part nette revenant à chaque ayant droit » (CGI,
art. 777). De ce fait, la liquidation de l'impôt comporte deux opérations successives : la détermination
de cet émolument net ; le calcul proprement dit des
droits dus sur chacune des parts préalablement
déterminées.

A) *Détermination de la part nette de chaque ayant
droit.*
a) En principe, et à défaut de stipulations testamentaires prescrivant un partage des biens entre les
héritiers, la part nette de chaque ayant droit s'obtient
en déduisant de sa part dans l'actif brut sa part
contributive dans le passif déductible.
La part de chaque ayant droit dans *l'actif brut*
successoral est fixée d'après les règles du droit civil.

15. L'Italie connaît un système mixte : l'impôt sur les parts d'héritage ne
frappe que les mutations au profit des bénéficiaires autres que la famille
proche, soumise pour sa part à l'impôt sur la masse des biens transmis.

Elle comprend tous les biens recueillis par l'héritier à quelque titre que ce soit : part héréditaire ordinaire, bien faisant l'objet d'un retour légal en cas d'adoption simple (C. civ., art. 368-1), legs particulier, biens ajoutés à la part du bénéficiaire à raison des différentes présomptions fiscales édictées par les articles 751 et suivants du CGI (cf. ci-dessus, p. 92).

De la part brute ainsi déterminée, il convient, afin d'obtenir la *part nette,* de retrancher la fraction du passif héréditaire imputable à chaque successible et, éventuellement, le montant des rapports de biens à la succession.

Seule la part des successeurs à titre universel et des successeurs anomaux est grevée d'un passif. Celui-ci est imputé sur chaque part proportionnellement à leur émolument (C. civ., art. 870). Les légataires particuliers en revanche ne supportent pas la charge du passif sauf stipulation expresse du testateur (C. civ., art. 871 et 1024).

Sont, en outre, rapportés à l'actif successoral les biens donnés en avancement d'hoirie et qui avaient été soumis aux droits de mutation au moment de la donation. Ce rapport est exigé par les règles du droit civil (C. civ., art. 860), mais il n'a pas de conséquence fiscale. En effet, afin d'éviter une nouvelle imposition des biens rapportés, le montant du rapport est déduit, pour le calcul des droits, de la part de l'héritier qui l'effectue. Lorsque la somme rapportée par un héritier est supérieure à la part qui lui est attribuée, l'excédent est déduit des parts attribuées aux autres co-héritiers.

Lorsque les biens sont partagés entre les héritiers conformément aux stipulations testamentaires, les règles énoncées en matière d'évaluation des biens et de calcul de la base d'imposition restent valables (actif net = actif brut — passif et autres déductions).

Mais en raison de son caractère déclaratif, le partage pur et simple de la succession doit être pris pour base de la liquidation des droits de mutation par décès sans que le passif soit à nouveau proportionnellement imputé sur chaque part. Par conséquent, les droits de succession doivent être calculés non sur la quote-part revenant à chaque successeur dans la masse héréditaire, mais sur les biens effectivement attribués à chaque copartageant.

B) *Calcul de l'impôt.* — L'impôt français sur les successions est un excellent exemple de la complexité que peut comporter la notion de tarif. Jugeons-en : la base d'imposition est constituée par la fortune nette du *de cujus*. La base taxable par la base d'imposition diminuée d'un abattement applicable sur la part de chaque héritier. Le taux progressif de l'impôt, qui porte sur la part de la base taxable revenant à chaque héritier, dépend du degré de parenté. Enfin, l'impôt peut être réduit en fonction du nombre des enfants à charge de chaque héritier. Reprenons ces trois opérations dans l'ordre où elles doivent être effectuées.

a) Abattement sur l'actif taxable.

1) *Transmissions en ligne directe et entre époux.* — Il est effectué un abattement de 275 000 F sur la part du conjoint survivant, sur la part de chacun des ascendants et sur la part de chacun des enfants vivants ou représentés (CGI, art. 779-I). L'abattement a un caractère personnel pour chacun des bénéficiaires ; lorsque la part revenant à un héritier est inférieure au montant de l'abattement auquel il pouvait prétendre, la fraction d'abattement en excédent ne peut être reportée sur la part des autres héritiers. De même, entre les représentants des conjoints prédécédés, l'abattement dont leur auteur aurait pu dis-

poser s'il avait survécu, se divise d'après les règles de la dévolution légale, abstraction faite de tous avantages particuliers éventuellement consentis (CGI, art. 779-I).

2) *Mutations par décès entre frères et sœurs.* — Il est effectué un abattement de 100 000 F sur la part recueillie par chaque frère et sœur, à la triple condition :

— qu'il soit célibataire, veuf, divorcé ou séparé de corps au moment de l'ouverture de la succession ;

— qu'il soit, au moment du décès, âgé de plus de 50 ans, ou atteint d'une infirmité le mettant dans l'impossibilité de subvenir aux nécessités de l'existence ;

— qu'il ait été constamment domicilié avec le défunt pendant les cinq années ayant précédé le décès (CGI, art. 788). Le domicile s'entend au sens des articles 102 et suivants du Code civil. Il n'est pas nécessaire qu'il y ait eu existence effective et continue sous un même toit pendant le délai exigé par la loi[16].

3) *Transmissions au profit de handicapés physiques ou mentaux.* — Pour la perception des droits de mutation à titre gratuit, il est effectué un abattement de 300 000 F sur la part de tout héritier, légataire ou donataire, incapable de travailler dans des conditions normales de rentabilité en raison d'une infirmité physique ou mentale, congénitale ou acquise. Cet abattement ne se cumule avec aucun autre.

Il faut se placer à la date du décès pour apprécier les conditions d'application de l'abattement spécial[17]. Le fait que l'héritier ait postérieurement à cette date exercé une activité à temps partiel est sans incidence à cet égard[18].

16. RMF, *JO*, 7 juillet 1960, Déb. parl., AN, p. 1757.1.
17. Doc. adm., 7 G 13 71.
18. Cass. com., 25 juin 1985, DGI c/ Casanova RJF 11/85.

4) *Transmissions au profit de personnes ne bénéficiant d'aucun autre abattement*. — Un abattement de 10 000 F s'applique alors sur chaque part successorale (CGI, art. 788).

b) Tarifs des droits de mutation par décès. — Le tarif des droits de mutation à titre gratuit est fonction de la parenté existant entre le défunt et ses héritiers, légataires ou donataires, des taux différents étant prévus selon qu'il s'agit de transmission en ligne directe, entre époux, en ligne collatérale ou entre non-parents.

1) *Transmissions en ligne directe y compris les donations-partages* (CGI, art. 777) :

Fraction de part nette taxable	Tarif applicable
N'excédant pas 50 000 F	5 %
Comprise entre :	
50 000 et 75 000 F	10 –
75 000 et 100 000 F	15 –
100 000 et 3 400 000 F	20 –
3 400 000 et 5 600 000 F	30 –
5 600 000 et 11 200 000 F	35 –
Au-delà de 11 200 000 F	40 –

2) *Transmissions entre époux* (CGI, art. 777) :

Fraction de part nette taxable	Tarif applicable
N'excédant pas 50 000 F	5 %
Comprise entre :	
50 000 et 100 000 F	10 –
100 000 et 200 000 F	15 –
200 000 et 3 400 000 F	20 –
3 400 000 et 5 600 000 F	30 –
5 600 000 et 11 200 000 F	35 –
Au-delà de 11 200 000 F	40 –

3) *Transmission en ligne collatérale ou entre non parents* (CGI, art. 777) :

Degré de parenté	Tarif applicable
Entre frères et sœurs :	
— fraction de la part nette ≤ 150 000 F	35 %
— fraction de la part nette > 150 000 F	45 –
Entre parents jusqu'au 4ᵉ degré inclusivement	55 –
Entre parents au-delà du 4ᵉ degré et entre personnes non parentes	60 –

c) Réductions de droits. — Lorsque, au moment de l'ouverture de la succession, un héritier, donataire ou légataire a trois enfants ou plus vivants ou représentés, il bénéficie d'une réduction de :

— 2 000 F par enfant, en sus du deuxième, si la transmission s'opère en ligne indirecte ou entre étrangers ;

— 4 000 F par enfant, en sus du deuxième, si la transmission s'opère en ligne directe ou entre époux (CGI, art. 780).

Les droits de mutation à titre gratuit dus par les mutilés de guerre frappés d'une invalidité de 50 % au minimum sont réduits de moitié, sans que la réduction puisse excéder 2 000 F (CGI, art. 782).

II. — **Assiette et liquidation des droits de donation**

Avant d'étudier l'assiette et la liquidation des droits de donation, on examinera les conditions d'exigibilité de ces droits.

1. **Conditions d'exigibilité du droit de donation.** — La donation entre vifs est un contrat par lequel une personne (le donateur) transfère « actuellement et irrévocablement » (C. civ., art. 894), sans contrepartie et avec intention libérale, la propriété d'un bien à une autre (le donataire) qui l'accepte.

L'exigibilité du droit de donation est ainsi subordonnée à trois conditions :
— il doit s'agir d'un contrat à titre gratuit ;
— le donateur doit se dessaisir immédiatement des biens donnés ;
— le donataire doit accepter la donation.

En revanche, l'inobservation des formes civilistes pour les donations est sans influence sur la perception.

A) *Contrat à titre gratuit.*
a) Un acte ne constitue une donation que s'il comporte l'intention du donateur de consentir une libéralité. Si chacune des parties à l'acte recherche un avantage, autrement dit si le donateur n'est pas animé d'une intention généreuse, le contrat perd son caractère gratuit.
b) Néanmoins, la donation peut être faite avec stipulation de certaines charges sans cesser d'être considérée comme une transmission à titre gratuit. Tel est le cas, par exemple, de l'engagement pris par le bénéficiaire de la donation de nourrir, vêtir et soigner le donateur, ou même de verser une rente viagère au disposant.

Mais encore faut-il que les charges ne soient pas égales ou supérieures à celles des biens donnés ; dans le premier cas, il n'y a pas donation mais convention à titre onéreux taxable en conséquence ; dans le second cas, il y a donation en sens inverse du prétendu donataire au donateur. Dans ces hypothèses, l'administration a le droit « de rechercher et de constater le véritable caractère des stipulations contenues dans les contrats présentés à la formalité pour arriver à asseoir, d'une manière conforme à la loi, les droits dus à raison de ces contrats » [19].

19. Cass. req., 26 mai 1903, Ind. de l'enreg., 3130, § 2.

Elle pourra également requalifier l'acte juridique, afin de percevoir l'impôt éludé dans le cas où les contractants dissimulent une donation sous l'apparence d'un contrat à titre onéreux. Il lui appartient alors, en usant de tous les moyens compatibles avec la procédure écrite, d'apporter la preuve de la donation. L'administration utilisera le plus couramment des présomptions de fait[20] à condition de les examiner dans leur ensemble[21].

B) *Dessaisissement du donateur.*

a) Principe. — Conformément à la règle « donner et retenir ne vaut », le dessaisissement du donateur au profit du donataire doit être actuel et irrévocable. La tradition immédiate des biens donnés n'est pas nécessaire. Il suffit que le droit du donataire à cette tradition soit actuel.

b) Applications :

— promesse de donation : elle ne donne lieu qu'au droit fixe des actes innomés (CGI, art. 680)[22] ;

— donation sous condition suspensive (le droit ne naît que si l'événement se produit) : elle est soumise soit au droit fixe des actes innomés (CGI, art. 680), soit au droit fixe prévu à l'article 848-5° du CGI si la disposition est soumise à l'événement du décès. Dans le premier cas, le droit de donation devient exigible lors de la réalisation de la condition ; dans le second cas, le droit exigible est celui de mutation par décès d'après le tarif en vigueur au jour de l'ouverture de la succession[23] ;

20. Situation de fortune respective des parties, leur âge, la parenté, la fixation d'un prix dérisoire, la brièveté du délai écoulé entre la prétendue vente et le décès du vendeur, la circonstance que le prix de vente ne se retrouve pas dans sa succession, etc.
21. Cass. com., 7 octobre 1975, Ind. de l'enreg., 12903.
22. Cass. civ., 14121, 1840, *S*, 41.1.153.
23. Cass., 21 décembre 1870, Ind. de l'enreg., 2421, § 2.

— donation sous condition résolutoire (la survenance de l'événement fait disparaître rétroactivement le droit) : elle est soumise à la perception immédiate du droit proportionnel. Celui-ci n'est pas restituable si la condition s'accomplit ;

— donation affectée d'un terme (événement futur dont la réalisation est certaine) : le terme suspensif est sans influence sur la perception du droit de donation.

C) *Acceptation du donataire*. — La donation doit être acceptée par le donataire « en terme exprès » (C. civ., art. 932). Cette acceptation peut être donnée dans l'acte qui constate la volonté du donateur ou par acte séparé. A défaut d'acceptation expresse l'acte constitue une simple offre de donation passible du droit fixe. L'acceptation du donataire constituant le fait générateur de l'impôt, les droits sont perçus au jour de l'acceptation et sur la valeur des biens à la même date.

D) *Indifférence des formes de la donation*. — Aux termes de l'article 931 du Code civil les actes de donation doivent être passés devant notaire, en minute. Mais l'administration n'étant pas juge de la validité des actes, la donation est imposable même si elle est nulle au regard du droit civil (ex. : donation par acte sous seing privé), déguisée (ex. : quittance dissimulant une libéralité), ou indirecte (ex. : renonciation gratuite à succession en faveur de personnes désignées).

2. **Assiette des droits de donation.**

A) *Matière imposable*. — La loi du 29 décembre 1976 soumet à l'impôt de donation :

— tous les biens situés en France ou à l'étranger lorsque le donateur est domicilié ou réputé domicilié en France pour l'application de l'impôt sur le revenu ;

— tous les biens situés en France transmis par une personne non domiciliée fiscalement en France.

La double imposition des biens situés à l'étranger sera évitée par une convention internationale ou par l'imputation sur l'impôt français des droits éventuellement acquittés à l'étranger.

B) *La base d'imposition*. — Contrairement aux successions, l'actif net imposable est égal à l'actif brut sans déduction du passif.

a) Evaluation des biens transmis. — Les règles d'évaluation exposées en matière de succession sont applicables aux donations. Il existe cependant des dispositions particulières aux donations :

— le forfait mobilier de 5 % ne leur est pas applicable ;

— la valeur imposable des bijoux, pierreries, objets d'art ou de collection ne peut être inférieure à 60 % de l'évaluation faite dans les contrats d'assurance contre le vol ou l'incendie en cours à la date de la donation, et conclus par le donateur, son conjoint ou ses auteurs depuis moins de dix ans (CGI, art. 776-II).

b) Non-déduction des charges. — La déduction du passif n'est pas admise (CGI, art. 758), le donataire, qui est un ayant cause à titre particulier, ne pouvant être considéré comme le continuateur de la personne du donateur.

3. Liquidation des droits de donation.

A) *Détermination de la part nette de chaque ayant droit*.

a) Cas général. — Les droits de donation sont liquidés sur la valeur des biens donnés par un même donateur à un même donataire (CGI, art. 777), c'est-à-dire sur la part de chaque ayant droit dans l'actif brut donné.

b) Libéralité effectuée par deux époux dans un même acte. — Il y a lieu de déterminer conformément aux principes de droit civil, la part de chaque époux dans les biens donnés. Les droits sont calculés distinctement sur les biens donnés par chacun.

B) *Calcul proprement dit de l'impôt.* — Les donations sont soumises aux mêmes règles que les successions en ce qui concerne :

a) Les abattements sur l'actif taxable :

— abattements dans les donations en ligne directe et entre époux ;
— abattement spécial en faveur des handicapés physiques et mentaux.

b) Le tarif des droits. — Toutefois, les actes de donation portant sur des immeubles demeurent assujettis à la double formalité de l'enregistrement et de la publicité foncière. En conséquence, ils supportent distinctement les droits de donation et la taxe départementale de publicité foncière de 0,60 %.

c) Les réductions de droit :

— pour charges de familles ;
— en faveur des mutilés de guerre.

4. Régimes spéciaux.

A) *Les donations-partages.* — La donation-partage ou partage d'ascendants est l'acte par lequel les père et mère et autres ascendants font donation de leurs biens à leurs enfants et descendants en opérant la distribution et le partage de ces biens (C. civ., art. 1075).

a) Conditions d'application. — Pour profiter du régime de faveur, la donation-partage doit être effectuée conformément aux articles 1075 et 1076 du Code civil. C'est-à-dire qu'elle doit être consentie au profit des héritiers présomptifs du donateur et qu'elle ne peut avoir pour objet que des biens présents. La donation et le partage peuvent être faits par actes séparés pourvu que l'ascendant intervienne aux deux actes et la réduction peut s'appliquer si l'acte se borne à une simple attribution sans division des biens entre les donataires[24]. Toutefois, le droit de partage est, dans ce cas, exigible sur l'acte ultérieur répartissant les biens attribués.

Les règles d'assiette et de liquidation de l'impôt des donations-partages sont identiques à celles applicables aux donations ordinaires. Seul varie le tarif des droits. En effet, pour les actes passés à compter du 1er décembre 1986, les donations-partages bénéficient d'une réduction de 25 % lorsque le donateur a 65 ans révolus et moins de 75 ans. L'âge du donateur (ou de chacun des donateurs en cas de donation par deux époux) est apprécié à la date de l'acte de donation-partage[25].

B) *Donations sans acte.* — Aux termes des articles 931 et 948 du Code civil, tous les actes portant donation entre vifs doivent être passés devant notaire et toute donation d'effets mobiliers doit faire l'objet d'un état estimatif signé des donateurs et annexé à la minute. Mais, en fait, les dispositions du Code

---

24. Cass. civ., 14 février 1832, Inst. de l'adm., 1401, § 3.
25. La taxe de publicité foncière à 0,60 % est exigible lorsque la donation-partage porte sur un immeuble.

civil ont été largement perdues de vue et peu de dons manuels sont opérés devant notaire[26].

Deux textes tendent à lutter contre cette évasion fiscale :

— d'une part, la loi du 18 mai 1850 (CGI, art. 7567) soumet aux droits les dons manuels dans certaines hypothèses où leur existence est révélée (décisions judiciaires notamment) ;
— d'autre part, la loi du 14 mars 1942 (CGI, art. 784) a institué, avec le rappel obligatoire des donations antérieures à l'occasion de chaque mutation à titre gratuit, un nouveau fait générateur de l'impôt pour les donations de toute nature n'ayant pas donné lieu à rédaction d'un acte.

a) Les dons manuels. — Les droits de mutation à titre gratuit sont dus au tarif en vigueur au jour de l'acte portant reconnaissance du don manuel si cet acte est soumis obligatoirement à la formalité ; au jour de la présentation volontaire de cet acte dans le cas contraire ; ou, enfin, au jour où le don a acquis date certaine.

b) L'obligation de déclarer les donations antérieures. — « Les parties sont tenues de faire connaître, dans tout acte constatant une transmission entre vifs à titre gratuit et dans toute déclaration de succession s'il existe ou non des donations antérieures consenties à un titre et sous une forme quelconque par le donateur ou le défunt aux donataires, héritiers ou légataires, et dans l'affirmative le montant de ces donations ainsi que, le cas échéant, les noms, qualités et résidences des officiers ministériels qui ont reçu les actes de donation et la date d'enregistrement de ces actes » (CGI, art. 784, al. 1).

---

26. 8e rapport du Conseil des Impôts, p. 47.

C) *Versements en capital entre époux ou au profit d'un enfant à la suite d'un divorce* (CGI, art. 757 a). — La prestation compensatoire entre époux et la pension alimentaire au profit d'enfants peuvent prendre la forme d'un versement en capital, c'est-à-dire consister dans le versement d'une somme d'argent, ou l'abandon de l'usufruit des biens meubles ou immeubles (C. civ., art. 274, 275 et 294).

Les *versements en capital au profit d'un enfant* sont exonérés de droit de mutation à titre gratuit à concurrence de 18 000 F par année restant à courir jusqu'à ce que le bénéficiaire atteigne 18 ans. Au-delà de ce montant, l'excédent est soumis aux droits de mutation à titre gratuit dans les mêmes conditions qu'une donation intervenant entre l'époux débiteur de la prestation et le bénéficiaire de celle-ci.

Les versements entre époux peuvent être constitués en biens de communauté ou en biens propres de l'époux débiteur. Dans le premier cas, l'opération s'analyse en un partage et seul le droit proportionnel de 1 % est exigible. Au contraire, lorsque le capital provient de biens propres de l'époux débiteur, les droits de mutation à titre gratuit sont dus et liquidés sur la valeur des biens transmis et selon le régime prévu pour les transmissions entre époux.

Au regard du droit fiscal, l'époux condamné au versement d'une prestation compensatoire a donc intérêt à verser une rente et non un capital. La rente est, en effet, un revenu non soumis aux droits de mutation à titre gratuit, elle est fiscalement déductible du revenu de celui qui la verse et imposée au titre des revenus du bénéficiaire[27].

---

27. Conseil des Impôts, 8e rapport, p. 45.

III. — Les règles communes de recouvrement

En principe, le paiement de la totalité des droits exigibles doit accompagner l'accomplissement de la formalité avec lequel il est indivisible (ex. dépôt de la déclaration de succession). Toutefois, les héritiers, légataires ou donataires sont admis à verser, sans déclaration, des acomptes sur les droits à leur charge. En outre, les droits sont payés sur états en ce qui concerne certains actes notariés et actes extra-judiciaires, lorsqu'ils sont soumis à la formalité.

Le principe posé ci-dessus connaît diverses exceptions. Les unes dérogent à la règle d'après laquelle les droits de mutation par décès sont normalement payés en numéraire ou par tout autre moyen de règlement assimilé (chèque bancaire, postal, mandat, virement...) ; les autres autorisent, sous certaines conditions, les redevables à différer le versement de l'impôt.

1. **Paiement par valeurs d'Etat**[28] **ou par remise d'objet d'art**[29]. — Les titres de l'emprunt 4,50 % 1973 (ex. rente Pinay 3,5 %) à capital garanti sont admis en paiement des droits d'enregistrement ou de la taxe de publicité foncière sur les mutations à titre gratuit (droits simples ou pénalités) (CGI, ann. III, art. 392.1). Cette possibilité ne peut être utilisée lorsque les redevables font usage de la faculté du paiement fractionné ou différé des droits (CGI, ann. III, art. 398).

La valeur de reprise des titres remis en paiement reste celle fixée par l'arrêté du 27 novembre 1987, soit 1 479,69 F pour une coupure de 100 F.

---

28. Ce qui constitue une exception à la règle excluant toute compensation entre le montant des droits et une créance du redevable contre le Trésor.
29. Possibilité utilisée, notamment, pour les successions Picasso et Chagall.

La remise d'objets d'arts, livres, d'objets de collection ou de documents de haute valeur artistique ou historique (CGI, art. 1716 *bis*) est également admise pour le paiement des droits de mutation à titre gratuit sur les donations et soumise à un agrément (CGI, ann. II, art. 384-A).

2. Paiement fractionné ou différé de droits.

A) *Le paiement fractionné* (CGI, ann. III, art. 404-A). — Les droits de succession peuvent être acquittés en plusieurs versements égaux, et à intervalle de six mois au plus, dans un délai maximum de cinq ans après l'expiration du délai imparti pour souscrire la déclaration de succession. Ce délai est porté à dix ans pour les droits à la charge des héritiers en ligne directe et du conjoint du défunt lorsque l'actif héréditaire comprend, à concurrence de 50 % au moins, des biens non liquides énumérés à l'article 404-A de l'annexe III au CGI.

Le paiement fractionné des droits n'est pas admis en matière de donation sous réserve du cas des transmissions d'entreprises (voir p. 119).

B) *Le paiement différé* (CGI, art. 1717, ann. III, art. 397). — Le paiement peut être différé si la succession comporte dévolution de biens en nue-propriété, ou encore donne lieu à l'attribution préférentielle d'une exploitation agricole (C. civ., art. 832-1) ou au paiement d'une indemnité en cas de donation ou de legs excédant la quotité disponible (C. civ., art. 868).

Le paiement des droits peut être différé jusqu'à l'expiration d'un délai maximum de six mois à compter soit de la réunion de l'usufruit à la nue-propriété ou de la cession totale ou partielle de celle-ci, soit du terme du délai imparti à l'attributaire, le légataire ou le donataire pour le paiement des sommes dont il est débiteur envers ses cohéritiers (CGI, ann. III, art. 404-B).

La cession totale ou partielle par le légataire, le donataire ou l'attributaire du bien qui leur a été transmis entraîne l'exigibilité immédiate des droits en suspens.

C) *Règles communes au paiement fractionné et/ou différé* (CGI, ann. III, art. 401). — La demande de crédit doit contenir une offre de garantie acceptée par le comptable des impôts. Elle peut consister soit en des sûretés réelles[30] d'une valeur au moins égale au montant des sommes au paiement desquelles il est sursis, soit en un engagement solidaire souscrit par des personnes physiques ou morales agréées comme caution.

Les droits et taxes dont le paiement est fractionné et/ou différé donnent lieu au versement d'intérêts dont le taux est égal à celui produit, au jour de la demande de crédit, par les obligations émises par la Caisse nationale de l'Industrie ou la Caisse nationale des Banques en échange des titres de sociétés nationalisées. Ce taux est applicable pendant toute la durée du crédit. Il est de 9,3 % pour les demandes formulées au cours du 2e trimestre 1988.

IV. — Les droits sur les transmissions d'entreprises

Nous examinerons successivement la transmission à titre gratuit des entreprises agricoles (I), fores-

---

30. Par exemple, hypothèque grevant un immeuble.

tières (II), industrielles et commerciales (III). Une quatrième partie sera consacrée à l'étude des règles de recouvrement spécifiques aux transmissions d'entreprises.

1. **La transmission des entreprises agricoles**[31].

A) *Transmission de parts de groupements fonciers agricoles (GFA) et de groupements agricoles fonciers (GAF)* (art. 793-I-4) du CGI). — Lors de leur première transmission à titre gratuit les parts de GFA et de GAF bénéficient sous certaines conditions d'une exonération *partielle* de droits de succession et de donation :

— les statuts du groupement doivent interdire l'exploitation en faire-valoir direct ;
— les fonds agricoles constituant le patrimoine du groupement doivent avoir été donnés à bail à long terme ;
— les parts doivent avoir été détenues depuis deux ans au moins par le défunt. Cette condition n'est pas applicable lorsque le donateur ou le défunt a été partie à la constitution du groupement et a effectué des apports constitués exclusivement d'immeubles ou de droits immobiliers à destination agricole.

B) *La transmission des biens ruraux donnés à bail à long terme*. — Lorsque ces biens sont transmis à titre gratuit l'exonération *partielle* de droits s'applique à la seule condition que le bail de fermage ou de métayage soit conforme sur dispositions des articles L. 416-1 à L. 416-9 du Code rural.

---

31. Doc. adm., 7.G.2.84.

C) *Montant de l'exonération*. — Traditionnellement, la transmission à titre gratuit de biens agricoles bénéficie d'avantages conséquents. L'évolution économique des exploitations exige, en effet, l'immobilisation de capitaux importants pour des rendements financiers faibles ou très différés. Cependant, au cours des dernières années, le législateur a apporté deux limitations à ces avantages.

a) Limitation en fonction de la valeur des biens transmis. — Lorsque la valeur totale des biens ruraux donnés à bail à long terme et des parts de GFA ou de GAF transmises par le donateur ou le défunt à chaque donataire, héritier ou légataire, n'excède pas 500 000 F, les biens transmis sont exonérés à concurrence des trois quarts de leur valeur. Dans le cas contraire, le pourcentage d'exonération est ramené à 50 % mais seulement au-delà de la limite de 500 000 F (L. Fin, pour 1984, art. 19-III).

1) La limite de 500 000 F n'est pas globale. Elle s'apprécie au niveau de chaque part héréditaire ou de chaque légataire s'il s'agit de succession, ou de chaque donateur et donataire s'il s'agit de mutation à titre gratuit entre vifs.

2) Pour l'appréciation du plafonnement qu'il institue, l'article 19-III de la loi de finances pour 1984 précise qu'il est tenu compte de l'ensemble des donations consenties par la même personne à un titre, à une date ou sous une forme quelconque. Il convient donc de retenir non seulement la valeur des biens objet de la transmission soumise à la formalité, mais également celle des biens préalablement donnés par le même donateur ou le même défunt à un même héritier, donataire ou légataire.

b) Limitation de l'exonération en cas de transmission au fermier ou à ses proches parents. — Lorsque le bail à long terme a été consenti par un acte n'ayant pas acquis date certaine avant le 1er novembre 1973, au bénéficiaire de la transmission à titre gratuit, à son conjoint, à un de leurs descendants ou à une société contrôlée par une ou plusieurs de ces personnes, l'exonération des trois quarts ou de 50 % s'applique seulement dans une certaine limite de la superficie des biens affermés, quel que soit le nombre des transmissions successives intervenues du chef d'une même personne.

Cette limite de superficie est fixée à une fois et demie la superficie minimum d'installation (SMI) pour les transmissions de biens ruraux loués par bail à long terme, et à trois fois la SMI pour les transmissions de parts de groupements fonciers agricoles.

Les SMI ont été fixées pour chaque département par arrêtés ministériels.

2. **La transmission des entreprises forestières.** — Contrairement à l'évolution soulignée pour les entreprises agricoles, l'exonération ancienne dont bénéficient les bois, forêts et les parts de groupements forestiers n'a pratiquement pas été modifiée. Les mutations de cette nature sont dispensées des droits pour les trois quarts de leur montant, à la double condition :

— que les bois et forêts soient reconnus par le ministère de l'Agriculture susceptibles d'aménagement ou d'exploitation régulière (les parties doivent produire un certificat du directeur départemental de l'agriculture) ;
— que le bénéficiaire de la transmission prenne l'engagement de les exploiter normalement pendant trente ans. Pour les parcelles dépassant une certaine superficie fixée dans chaque département, cet engagement est remplacé par celui d'appliquer pendant trente ans un plan simple de gestion.

3. **La transmission des entreprises industrielles et commerciales.** — Si l'on excepte les entreprises agricoles, la transmission d'entreprise à titre gratuit ne fait normalement pas l'objet de dispositions spécifiques. Deux raisons à cela : d'une part, il est difficile d'isoler, au sein des patrimoines, l'entreprise, notion plus économique que juridique qui n'a de réalité qu'au travers de ses actifs ; d'autre part, aucune réforme d'ensemble ne paraît souhaitable, ne serait-ce que pour assurer le respect de l'égalité devant l'impôt[32].

Toutefois, l'art. 790-A du CGI, aménagé par la loi de finances pour 1989, exonère de droits de mutation les donations de titres consenties par un chef d'entreprise à son personnel tant que leur montant n'excède pas 100 000 F par bénéficiaire.

4. **Les règles communes de recouvrement.** — Le paiement de l'impôt dû sur les transmissions d'entreprises peut être différé et fractionné (CGI, art. 397-A, 404-GB, 404-GCI).

Le régime s'applique aux successions portant :

— sur l'ensemble des biens meubles et immeubles, corporels ou incorporels affectés à l'exploitation d'une entreprise individuelle ayant une activité industrielle, commerciale, artisanale, agricole ou libérale et exploitée par le défunt ;

— sur les parts sociales ou les actions d'une société ayant une activité industrielle, commerciale, artisanale, agricole ou libérale non cotée en bourse, à condition que le bénéficiaire reçoive au moins 5 % du capital social.

Il est également applicable *aux donations* à la double condition qu'elles portent sur la pleine propriété de l'entreprise et que celle-ci soit exploitée par le donateur.

32. Conseil des Impôts, 8e rapport, p. 279 et s.

Le paiement est différé pendant cinq ans, puis étalé sur les dix années suivantes.

Le taux d'intérêt du crédit est le taux des obligations de la caisse nationale des banques ou de la caisse nationale de l'industrie divisé par 1,25 ou 1,50 selon l'importance de la part taxable de chaque héritier par rapport au capital de l'entreprise. Le diviseur de 1,5 est toujours retenu pour les mutations en ligne collatérale ou entre non-parents.

La cession de plus du tiers des biens reçus par chaque bénéficiaire entraîne l'exigibilité immédiate des droits en suspens (CGI, ann. III, art. 404-GD).

CONCLUSION

Paradoxalement, bien que les droits d'enregistrement n'occupent plus qu'une place restreinte dans notre système fiscal, ils pèsent lourdement sur l'économie française et devront être harmonisés avec ceux de nos partenaires européens afin de ne pas constituer un handicap dans la concurrence internationale.

Les droits d'enregistrement étaient à l'origine les impôts d'une économie agricole traditionnelle dans laquelle les mutations du capital — essentiellement foncier — restaient peu nombreuses. Il n'est donc pas surprenant que s'avère difficile leur adaptation à une économie d'échange postindustrielle où la mutabilité rapide du capital immobilier et surtout mobilier, est devenue une impérieuse nécessité.

Globalement, le poids des droits d'enregistrement dans l'économie nationale est resté relativement stable depuis vingt ans : moins de 1 % du produit intérieur brut. Les droits de mutation à titre onéreux ont même vu leur part diminuer. Cependant, ces grandeurs moyennes ne rendent pas compte de l'inadaptation réelle de ces impôts. Celle-ci résulte moins de la pression fiscale d'ensemble qu'ils exercent que des perturbations qu'ils provoquent ponctuellement dans les décisions et les échanges économiques, c'est-à-dire de leur absence de neutralité.

Le défaut de neutralité fiscale des droits d'enregistrement apparaît, d'abord, dans l'inégale répartition de leur charge. Ainsi, les biens immobiliers sont plus taxés que les biens mobiliers, ce qui risque de gêner l'industrie du bâtiment qui, en France, joue un rôle crucial. En outre, parmi les biens mobiliers, les biens économiquement stériles (œuvres d'art, objets de collection) sont taxés plus faiblement que les valeurs mobilières.

De plus, en raison de leur juridisme qui privilégie la forme d'une opération sur sa finalité, les droits d'enregistrement s'avèrent, dans leur application, peu adaptables aux réalités économiques. Ils peuvent de ce fait « pénaliser ou décourager les transformations ou les évolutions qui, plus fréquemment qu'autrefois, accompagnent la croissance de l'entreprise »[1].

Afin d'éviter ces conséquences, des régimes spéciaux ont été établis mais ceux-ci, institués au coup par coup et sans vision d'ensemble, accentuent encore les disparités entre les biens et les redevables.

Cette inadaptation économique se double de difficultés de gestion administrative.

En matière de droits de mutation à titre onéreux, l'hétérogénéité des taux et des régimes d'imposition, les difficultés d'évaluation des biens taxés ainsi que la nécessité de contrôles systématiques, rendent l'imposition relativement malaisée et onéreuse. L'application des droits de mutation à titre gratuit concerne certes un nombre plus réduit d'opérations, mais la complexité du barème progressif et la personnalisation poussée de l'impôt jointes aux problèmes d'évaluation des patrimoines, ne facilitent pas non plus la tâche de l'administration. D'autant que cette imposition dont l'assiette s'est élargie ces dernières années, est plus lourdement ressentie par les contribuables.

Ces inconvénients économiques et administratifs auxquels s'ajoute d'ailleurs une surtaxation sociale-

1. 8e rapport du Conseil des Impôts, *op. cit.*, p. 299.

ment néfaste des petits patrimoines, n'ont cependant pas encore conduit à une réforme d'ensemble des droits d'enregistrement.

Celle-ci, souhaitée semble-t-il par les pouvoirs publics[2] est également rendue indispensable par les nécessités de l'harmonisation fiscale européenne. En effet, le principe de la libre circulation des biens qui s'applique dans les pays anglo-saxons risque de s'imposer dans les pays de la Communauté sous l'effet de la concurrence. Il pourrait en résulter pour la France l'obligation de diminuer sensiblement des droits de mutation à titre onéreux qui sont, tant par leur nombre que par leur taux, parmi les plus lourds d'Europe. Quant à nos droits de succession et de donation, même s'ils restent inférieurs à ceux pratiqués au Royaume-Uni, qui est le pays de la Communauté qui taxe le plus sévèrement les transmissions à titre gratuit, leur charge n'est pas négligeable notamment sur les patrimoines moyens de 2 à 5 millions de francs[3].

Cependant, cette réforme sera difficile car si elle veut être efficace, elle doit concerner l'ensemble des impôts sur le capital. Mais ceux-ci étant pour plus des deux tiers des impositions locales, c'est l'équilibre de tout notre système fiscal qui se trouve ainsi remis en cause.

2. Voir le rapport sur la réforme des impôts sur le capital demandé par le ministre de l'Economie, des Finances et de la Privatisation à M. Aicardi et qui a été remis le 2 mars 1988 au gouvernement.
3. Rapport du Conseil des Impôts, *op. cit.*, ann. VII, p. 339 et 340.

BIBLIOGRAPHIE

Outre les ouvrages de fiscalité générale qui comportent toujours des développements plus ou moins importants consacrés aux droits d'enregistrement, on consultera :

D. Castellani, *Dictionnaire des droits d'enregistrement*, Société d'Editions documentaires et fiscales, Paris (avec mises à jour).

C. David, *Droits d'enregistrement et taxe de publicité foncière*, Paris, Mémentos Dalloz, 1984.

C. David, L'opposition du réalisme économique et du droit civil en matière de droits d'enregistrement des sociétés, in *Histoire du droit des finances publiques*, Paris, Economica, 1987.

J.-L. Haÿ, *L'imposition du capital,* Paris, PUF, « Que sais-je ? », 1986.

A. Kurgansky, Les fondements du régime actuel des droits d'enregistrement, in *Histoire du droit des finances publiques*, Paris, Economica, 1987.

Maguero, *Traité des droits d'enregistrement*, 5 tomes, Paris, 1930.

Rapport du Conseil des Impôts relatif à l'imposition du patrimoine, 8e rapport, Paris, Journaux officiels, 1986.

Rapport de la commission Aicardi sur la fiscalité du patrimoine, Paris, Journaux officiels, 1988.

TABLE DES MATIÈRES

Imprimé en France
Imprimerie des Presses Universitaires de France
73, avenue Ronsard, 41100 Vendôme
Mars 1989 — Nº 34 222